행복의 감각

행복의 감각

망각 곡선을 이기는
기억의 기술

THE ART OF
MAKING
MEMORIES

김경영 옮김 마이크 비킹 지음

MEIK
WIKING

흐름출판

차
례

5장 감정의 형광펜 쓰기

6장 성취와 좌절의 법칙

7장 망각 곡선을 이기는 이야기

8장 기록의 힘

OUTRO 나의 잃어버린 아틀란티스 찾기

행복의 감각을
얻는 길

삶의 만족도를 높여주는 것, 기억

20세기 최고의 철학자 곰돌이 푸가 한 말을 살짝 바꿔보자.

"우리가 여태껏 추억을 쌓고 있는 줄 몰랐어. 그냥 어울려 노는 줄만 알았지."

이것은 한 해 동안 내가 하고 있던 일이기도 하다. 나는 마흔이 됐고, 지금 모든 것이 변하는 중이다. 지난주에는 이마 한가운데서 머리카락 한 올을 발견했다. 이 머리카락 한 올은 아예 생뚱맞은 곳에 홀로 자라고 있었다. 마흔이 된다는 건 족집게와 절친이 된다는 의미다.

마흔이 되면 언어가 변한다. '요즘'이라는 말을 쓸 자격이 생긴다. 색깔을 보는 시선도 바뀐다. 머리는 희끗한 색이 아니라 관리직에 어울리는 금발이 된다. 야채를 구운 뒤 오븐의 문을 열어 여열을 활용하는 등 일상의 새로운 방식에서 재미를 느낀다.

통계적으로 마흔이 된다는 건 삶의 반을 살았다는 뜻이기도 하다. 덴마크 남성의 기대 수명은 약 80세다. 사후 세계가 있다고 믿지는 않지만 죽기 전에 삶을 최대한 즐기고 살아야 한다는 게 내 지론이다.

나는 지금껏 40년, 또는 480개월, 또는 14610일을 살았다. 어떤 날은 아무 흔적도 없이 지나가고 어떤 날은 잊히지 않고 곁에 남았다. 우리의 삶은 지나가 버린 날이 아니라 영원히 기억될 날들이다. 갑자기 이런 생각이 들었다. 내가 살아온 14610일 중 나는 어떤 날을 기억할까? 그리고 왜 기억할까? 앞으로 더 많은 날을 기억하려면 어떻게 살아야 할까?

나는 살면서 모든 첫 키스의 순간을 기억한다. 하지만 2007년 3월에 일어난 일은 도무지 기억나지 않는다. 망고를 처음 맛봤던 순간은 기억이 난다. 하지만 열 살 때 먹은 밥은 전혀 기억에 없다. 어릴 적 친구들과 뛰어놀던 운동장의 잔디 냄새는 기억하지만 그 친구들의 이름은 기억나지 않는다.

그렇다면 기억은 무엇으로 만들어질까? 어떠한 음악과 냄새와 맛은 내가 잊고 있던 순간을 어째서 기억하게 하는 것일까? 행복한 기억을 쌓고 그 기억을 더 오랫동안 간직하려면 어떻게 해야 할까?

'행복 연구가'인 나는 지금껏 이런 질문을 던지고 답을 구해 왔다. 나의 직업은 사람들이 어디서 행복을 느끼는지 이해하고, 행복한 삶을 정의하고, 더 나은 삶을 사는 방법을 찾는 일이다. 내가 몸담고 있는 행복연구소는 행복과 삶의 질을 연구하는 기관으로, 우리는 행복의 원인을 찾고 세계인의 삶의 질을 높이는 방법을 고민한다.

사람들은 슬픈 일이 있었던 날을 기억하기도 한다. 슬픈 기억 역시 우리의 경험이자 기억의 한 부분이며, 우리를 지금의 우리이도록 만든다. 하지만 나의 주된 관심사는 슬픈 기억보단 행복한 기억을 완성하는 요소를 찾는 일이다.

행복 연구 자료에 따르면, 과거를 그리운 향수의 대상이나 긍정적으로 기억하는 사람일수록 삶의 만족도 역시 더 높다. '향수'는 고대에서부터 내려오는 인간 보편의 감정으로, 세계의 학계는 향수가 왜 긍정적 감정을 불러일으키고 자존감을 높이고 누군가에게 사랑받고 있다는 느낌을 주는지 그 원인을 찾고 있다. 즉, 장기간 느끼는 행복은 자기 삶을 긍정적으로 이야기할 수 있는지 그 능력 여부에 달려 있다.

나는 행복한 기억의 요소가 무엇인지 밝히는 연구에 집중했다. 이는 사실 누군가에게 선뜻 건네기 힘든 질문이기도 했다. 낯선 사람에게 기억에 관해 물을 때 어떻게 질문을 던지면 좋을까. 〈양들의 침묵〉에 나오는 희대의 악역 한니발처럼 보이지 않으면서 말이다("어린 시절 기억을 한번 이야기해 볼까, 클라리스.").

한편 이런 질문을 던지고 답을 찾는 과정에서 나는 나의 과거로 돌아가 잃어버린 소중한 기억을 행복한 추억의 형태로 되살리려고 노력했다. 먼저, 20년 전 다른 사람의 소유로 넘어간 어린 시절의 집을 다시 찾아서 그 장소의 냄새가 어떻게 기억을 되살리는지 알아봤다. "잠깐 들어가서 집 냄새 좀 맡을 수 있을까요?"라는 나의 청을 내치지 않고 받아 준 새 집주인에게 감사의 말을 전한다.

잃어버린 어린 시절의 보물을 찾아다니면서, 우리의 어릴 적 기억은 우리 부모님과 협동해서 만들어지고 완성되고 되찾을 수 있다는 사실을 알게 됐다. 나의 어머니는 20년 전에 돌아가셨다.

어머니와 함께 내 기억의 대륙 하나가 사라진 셈이다. 그런 점에서 이 이야기는 잃어버린 대륙 아틀란티스를 찾는 여정이기도 하다. 잃어버린 기억을 찾아가는 탐험인 것이다.

내가 기억을 되찾고 되살리고 싶었던 이유는 '기억'이 우리의 정체성을 받쳐주는 주춧돌이기 때문이다. 기억은 시간이 흘러도 우리를 변함없이 같은 사람일 수 있게 만드는 역할을 한다. 또한 기억은 과거로 돌아가고 현재의 한계에서 자유로워지게 하는 능력을 가지고 있다. 또 우리의 행동까지 영향을 준다. 우리의 기분, 그리고 미래의 꿈을 결정하는 데도 중요한 역할을 한다.

1000개의 행복한 기억

2018년, 행복연구소는 세계 여러 나라 사람들을 대상으로 행복한 추억을 주제로 '행복한 기억 연구'라는 대규모 연구를 진행했다.

'행복한 기억 하나를 적으시오.' 이것이 우리의 질문이었다. 연구의 목적은 특정한 한 가지 기억을 찾는 게 아니었으므로 가장 먼저 떠오르는 행복한 기억을 쓰게 했다.

사람들이 낸 답은 상상을 초월했다. 내가 아는 한 '행복한 기억 연구'는 역대 가장 방대한 규모의 행복한 기억을 수집한 연구였다. 우리는 전 세계에서 1000개가 넘는 답변을 받았다. 답변은 벨기에, 브라질, 보츠와나, 노르웨이, 네팔, 뉴질랜드를 비롯해 75개국에서 도착했다. 그야말로 행복한 기억들이 쏟아졌다.

세계 곳곳에서 도착한 행복한 기억의 주인들은 세대도 성별도

새롭고 특별해서
23%

감각을 활용해서
62%

관심을 집중해서
100%

의미가 있어서
37%

감정이 움직여서
56%

힘들게 성취해서
22%

이야기가 있어서
36%

따로 기록해 둬서
7%

참고로, 하나의 추억을 오래 기억하는 이유는 여러 가지일 수도 있다.

처한 상황도 제각기 달랐다. 그토록 다양한 사람들이 보낸 기억이 었지만, 하나하나 공감 가지 않는 이야기가 없었다. 왜 그 순간이 그 사람에게 행복한 시간이었을지 이해가 됐다. 덴마크, 한국, 남 아프리카공화국 등 사는 나라는 저마다 달라도 우리는 모두 똑같 은 사람이니까.

그렇게 수집한 행복한 기억들을 살펴보니 이야기의 일정한 패 턴이 보이기 시작했다. 사람들은 새롭고, 의미 있고, 감정을 건드 리고, 또 감각을 동원했던 경험을 오랫동안 기억했다.

가령, 우리가 수집한 기억의 23퍼센트는 처음 어떤 나라를 여 행하는 등 새롭고 특별한 기억이었다. 37퍼센트는 결혼식이나 생 일 같은 뜻깊은 경험이었다. 또 62퍼센트는 오감의 일부를 사용한 경험이었다. 한 여성은 어릴 때 어머니가 불에 자주 굽던 포블라노고추의 냄새를 맡고 맛봤던 순간을 기억하고 있었다.

왜 어떤 순간을 기억하는지 그 이유도 질문했는데, 응답자들의 7퍼센트가 기념품, 일기, 사진 등으로 기록해 두었거나 지금은 하나의 이야기처럼 굳어졌기 때문이라고 답했다.

결혼식이나 딸의 첫걸음마 등 삶의 중요한 순간을 기억하는 이야기도 있었다. 햇살이 피부에 와 닿던 느낌, 아빠와 미식축구를 보면서 치즈피클 샌드위치를 먹거나 사랑하는 사람 옆에서 잠을 깼던 기억 등 소박한 순간을 기억하는 사람들도 있었다. 개 썰매, 혼자서 간 이탈리아 여행, 암스테르담으로 이사를 갔던 일을 비롯해 삶의 모험에 대한 기억도 있었다.

한편 미치도록 즐거웠던 순간을 기억하는 이들도 있었다. 건초더미 위에서 방방 뛰놀던 일, 오렌지를 쏘아대던 대포, 꽁꽁 언 호수 위에서 운동화를 신고 와인 병을 따던 경험이 그 예시들이다.

시험에 합격한 날, 축구 경기에서 힘들게 우승을 거머쥐었던 날, 무대 위에서 용기 내어 마이크를 잡고 직접 쓴 글을 발표했던 날 등 승리의 순간에 대한 추억담도 있었다.

또 누군가는 평범한 일상을 기억했다. 창문으로 쏟아져 들어오는 햇살을 바라보던 일, 서점에 들어갔던 일, 엄마와 케이크를 먹으며 영국 시트콤 〈키핑 업 어피어런스〉를 보면서 오후 시간을 함께 보냈던 일 따위의 사소한 일상들이었다(참고로 이 영국 드라마의 주인공 히아신스 버킷은 자신의 성이 '부케'로 발음된다고 사람들에게 끊임없이 말하고 다니는 인물이다).

　자연과 교감했던 순간을 기억하는 사람도 있었다. 한밤중 달빛과 별빛 아래 스위스의 호수에서 수영하던 기억, 오직 자신과 태평양뿐 주변에 아무도 없는 채 캘리포니아의 장엄한 빅서를 내다보던 기억들.

　즐거운 순간들을 기억하기도 했다. 물풍선 싸움, 눈싸움, 텅 빈 아이스링크의 매끈한 얼음 위에서 스케이트를 타던 순간들이 그랬다. 그리고 많은 기억 속에 사랑하는 사람이 함께 있었다. 필요한 순간에 사랑하는 사람이 안아 주었던 기억, 힘들어하는 나를 위로하기 위해 동료들이 사무실 자리를 예쁘게 꾸며 주던 기억 등.

　이 모든 기억은 퍼즐의 작은 조각들로, 행복한 순간은 무엇으로 채워지며 또 무엇이 모여 행복한 기억이 되는지, 왜 우리가 어떤 순간을 기억하는지 보여주는 열쇠가 된다. 이어지는 장에서는 이 재료들을 하나하나 살펴보려고 한다.

추억 선언문
행복한 기억을 만드는 데 필요한 8가지 재료

처음의 힘을 활용하라.
새로운 경험을 통해 그날을
특별한 날로 만들어라.

오감을 활용하라.
시각적 경험에만 머물지 마라.
추억에는 소리, 냄새, 촉감, 맛도 있다.

깊게 관찰하라. 행복한 기억을
데이트 상대라고 생각하라.
그만큼 애정과 관심을
있는 힘껏 쏟아라.

의미 있는 순간을 만들어라.
의미 있는 순간, 기억할 만한 순간을
만들어라.

감정의 형광펜을 활용하라.
피가 돌고 살아 숨 쉬게 만들어라.

무언가를 노력해서 이룬 순간을 기억하라.
목표를 이룬 순간도 중요하지만
그 목표를 이루려 애쓴 과정 역시
잊지 못할 경험이다.

망각 곡선을 이기는 이야기를 만들어라.
그리고 그 이야기를 사람들과 공유하라.

기억을 기록하라.
쓰고 찍고 녹음하고 수집하라.
곤도 마리에의 적이 되어라.

기억은 불행을 행복으로 바꾼다

행복연구소에서 진행한 '행복한 기억 연구'의 한 가지 과제는, 행복한 기억을 떠올리면 그 순간의 행복도가 달라질 수 있는지 답을 찾는 것이었다.

우리는 사람들에게 발판 아래에서 시작해 위까지 1~10의 번호가 붙은 사다리를 상상해 보라고 했다. '사다리 위쪽이 최고의 삶이고 아래쪽은 최악의 삶이라고 가정해보자. 지금 이 순간 본인은 몇 번째 발판에 서 있는 것 같은가?' 삶의 만족도, 즉 전반적인 행복도를 알아보기 위한 질문이다. 이때 삶의 만족도를 높이는 데더 많은 시간과 노력이 필요한 장기간의 행복을 가리킨다. 이 질문은 '세계 행복 보고서'에서 사용하는 질문이기도 하다.

우리는 이런 질문도 했다. "0은 정말 불행하고 10은 정말 행복한 점수라면, 지금 이 순간 본인에게는 몇 점을 주고 싶은가?" 요일, 날씨, 그날 있었던 일, 또는 과거에 대한 생각 등 여러 가지 이유가 답변에 영향을 줄 수 있다.

우리는 설문 응답자들이 행복한 추억을 묘사할 때 사용한 단어의 수와 현재의 행복도 사이에서 사소하지만 유의미한 상관관계를 발견했다. 즉 사용한 단어 수가 많은 사람일수록 행복도가 높았다. 행복한 기억을 떠올렸다고 해서 그 사람이 더 행복했다고 단정할 수는 없으며, 그 반대의 경우도 마찬가지다. 기분이 좋을 때는 연구자들의 뜬구름 잡는 질문을 더 오래 고민하고 답하겠지만, 앞으로 추가 연구가 이루어질 가능성이 있는 분야다.

우리가 지닌 고유한 경험

우리는 이런 질문도 했다. '어제 저녁으로 뭘 먹었는가?' 어제 저녁으로 시간을 되돌려 보라. 어디에서 누구랑 무엇을 먹었고, 무엇을 마셨는지. 또, 음식을 직접 만들었는지. 다 먹고 난 뒤 설거지는 어떻게 했는지.

그리고 이제 다음 질문에 답해 보자. 캄보디아의 수도는 어디인가? 세계에서 가장 높은 산은 어디인가? 제2차 세계대전 종전 당시 영국의 총리는 누구였는가?

어제 먹은 저녁 식사를 떠올리는 것과 윈스턴 처칠에 대한 정보를 기억하는 것은 다른 차원의 문제다. 하나는 기억이고 하나는 지식이다. 전자는 '자전 기억' 또는 '일화 기억'이고, 후자는 '의미 기억'이라고 한다.

기억에 대해 이야기할 때 이 두 종류의 기억을 구분할 필요가 있다. 일화 기억은 예전에 갔던 파리 여행을 기억하는 능력이다. 의미 기억은 프랑스의 수도가 파리라는 사실을 기억하는 능력이다. 이 구분은 토론토대학교의 인지신경심리학과 교수인 엔델 툴빙이 1972년에 처음 제안했다. 지금 바로 본인의 의미 기억 저장소에 들어가 보자. 거기서 내가 뭘 했는지 보이는가?

일화 기억 속에 있는 추억을 더듬을 때는 과거로 돌아가서 그 경험을 다시 하게 된다. 기억을 더듬어 2차 세계대전 종전 무렵 영국의 총리가 누구였는지 기억해 내는 일은 대단히 다른 경험이다. 언제 어디서 그 지식을 얻었는지 전혀 기억이 나지 않을 수 있다. 그냥 아는 것이다. 비인격적인 기억이다. 그 기억에는 맛도 냄새도 소리도 없다. 어제 먹은 저녁 식사에 대한 기억에 딸린 다양한 감각이 부재한다.

일화 기억은 우리가 우리의 과거에서 떠올릴 수 있는 개인적이고 고유하고 자세한 경험을 포함한다. 한편 의미 기억은 우리가 세상에 대해 수많은 사람과 공유하는 불변의 지식이다.

또한 일화 기억은 여섯 번째 감각이라고 볼 수 있다. 바로 과거에 대한 감각이자 과거의 시간으로 돌아가는 능력이다. 영화 〈백 투 더 퓨처〉의 주인공 마티 맥플라이도 그가 시간 여행을 할 때 타고 다녔던 차 드로리안도 필요치 않다.

툴빙 교수는 시간 여행, 즉 특정 사건을 다시 경험하는 감각이 일화 기억의 핵심 요소라고 보았다. 한 사람의 일화 기억은 특정 경험을 짧은 시간으로 조각내어 본인의 시각으로 일어난 순서대로 대충 늘어놓은 것이라고 볼 수 있다. 예를 들어, 저녁 식사로 생선을 구웠고, 라디오에서는 냇킹콜의 음악이 흘러나왔고, 단맛이 적고 시원한 와인을 마시고 있었다. 그때 프라이팬에 손가락을 데어 큰소리로 욕설을 내뱉자 다른 방에 있던 배우자가 물었다. "무슨 일이야?", "아니야. 저녁 다 됐어!" 이렇게 답하고는 오븐에서 야채를 꺼낸 뒤 오븐 문을 열어 뒀다. 오븐의 열기를 느끼면서 웃으며 자리에 앉았다. 이런 식의 순서라고 볼 수 있다.

일화 기억은 대단히 복잡하며 의미 기억보다 나중에 형성된다. 즉 세상에 대한 정보를 익힌 뒤에 세상에서 한 개인적 경험을 기억하는 능력이 생긴다. 두 가지 기억 체계 모두 장기 기억에 속한다. 툴빙이 규정한 세 번째 기억은 절차 기억이다(물론 이 세 가지 장기 기억 외에 단기 기억도 있다). 의미 기억과 일화 기억이 외현 기억인 반면, 절차 기억은 암묵 기억이다. 덕분에 깊이 생각하지 않고도 사람들이 보편적으로 학습하는 작업을 해낼 수 있다. 자전거 타기, 양치질, 설거지, 서명 따위를 어렵지 않게 하고, 또 뱅글스(1980년대에 활동한 미국의 여성 록 그룹으로 1986년 발매된 앨범에 실린 〈이집트인처럼 걸어 봐요〉라는 곡으로 유명해졌다 – 옮긴이)의 음악이 나오면 이집트인처럼 걷게 되는 것도 이 때문이다. 이 책에서는 일화 기억을 주로 다룰 예정이다.

행복한 추억이 많을수록 건강하다

나는 직업상 우울증을 앓는 사람들과 대화를 나눌 일이 많다. 그
들의 한 가지 공통점은 심하게 우울할 땐 어떤 즐거움도 느낄 수
없으며 과거에 즐거웠던 순간도 잘 기억하지 못한다는 점이다.
또, 행복한 기억을 전혀 떠올리지 못할 뿐 아니라 부정적인 사건
을 깊이 곱씹는 경향이 있다.

　다행히 우울증 환자들을 돕기 위한 연구가 진행되고 있다. 케
임브리지대학교의 임상심리학과 교수 팀 달글리시 박사는 시각
화와 공간 기억을 활용하는 기억술인 '장소법'을 통해 사람들로
하여금 행복한 기억을 더 쉽게 떠올리게 함으로써 우울증 치료에
기여하고 있다. 한 연구에서 달글리시 박사와 동료들은 우울증을
앓는 참가자 42명에게 우울할 때 의지할 수 있는 15가지 행복한
기억을 만들도록 했다.

　우울증은 긍정적 기억을 떠올리는 능력을 손상시키기 때문에
어느 정도 노력이 필요한 방법이다. 일부 참가자는 '15가지 긍정
적 기억이 없다'고 답해서 연구자들은 냄새, 색깔, 소리 등의 풍부
한 감각 정보를 더하여 참가자들의 기억을 더 생생하게 만들었다.
그런 뒤 장소법을 활용해 15가지 기억의 배경을 익숙한 집 또는

집에 가는 길로 배치했다. 통제 집단은 기억을 유의미한 양이나 숫자로 늘려 반복해서 기억하는 훈련을 했다. 이는 우리가 시험을 준비할 때 자주 사용하는 방법이다.

두 집단 모두 일주일간 훈련을 받은 뒤 기억력이 거의 최적의 수준으로 개선됐다. 일주일 뒤 연구자들은 사전 예고 없이 참가자들에게 전화해 기억력 테스트를 했다. 그 결과, 장소법을 활용한 참가자들만 행복한 기억을 떠올리는 능력이 그대로였다.

하지만 중요한 점은 참가자들이 기분이 낫다고 이야기했더라도 우울증 척도에서 유의미한 수준의 개선은 없었다는 사실이다. 또한 참가자들이 실험의 목표를 인지하고 있었다 해도 본인이 이야기하는 나아짐은 단순히 플라세보 효과였을 수 있다. 그럼에도 불구하고 행복한 기억을 떠올렸다는 사실은 우울증 개선의 증거이며, 오늘날 향수는 고독감과 불안감을 상쇄하고 행복감을 높이는 유용한 심리 기제로 평가받는다.

HAPPINESS TIP:

기억의 궁전으로 들어가 보기

어린 시절 살던 집 안으로 들어가자. 삼총사가 복도에서 싸우고
있다.

　나는 능숙하게 포르토스의 칼을 피해 주방으로 들어갔다. 베
토벤이 오븐에서 치킨을 꺼내고 있었다. 주방 의자 앞에 벽난로
가 있다. 프란치스코 교황이 불이 꺼지지 않도록 살피고 있었는
데, 하얀색 모자에 숯 검댕이를 묻히고 땀을 흘리기 시작한다. 옆
방에서는 닐 암스트롱이 피아노를 연주하고 있다. 우주복을 입
은 덕분에 한 번에 건반이 여러 개씩 눌린다.

　이는 꿈 이야기가 아니다. 신중하게 기획된 기억의 궁전이다.
자세히 설명해 보겠다. 오늘날 자주 활용하는 여러 기억술은 고
대 그리스로마 시대에 만들어졌다. 그중 한 가지가 라틴어로 장
소를 뜻하는 단어 '로시loci'가 들어간 장소 기억법method of loci으
로, '기억의 궁전'이라고도 한다. 혹은 BBC의 범죄 드라마 〈셜
록〉에서 베네딕트 컴버배치가 연기하는 셜록 홈즈는 이를 '마음
의 궁전'이라고 부른다.

　장소 기억법은 기원전 500년에 그리스 시인 시모니데스가 처
음 사용한 방법이라고 한다. '달콤한 혀를 지닌 사나이'라고 불린

시모니데스는 연회와 축제에서 시를 자주 읊었다. 어느 날, 시모니데스가 공연이 끝나고 연회장을 나온 바로 그 순간에 지붕이 무너지며 안에 있던 사람들이 전원 사망하는 사건이 있었다. 사체 손상이 하도 심해 누가 누군지 분간할 수 없을 지경이었다. 하지만 시모니데스는 전날 밤 풍경을 사진을 찍듯이 기억하는 능력으로 누가 방의 어디에 앉았는지 전부 기억해 냈다. 후에 시모니데스는 그 경험을 토대로 장소 기억법을 만들어 냈다.

이 방법은 오늘날 기억력 대회에서 자주 활용되는데, 카드 한 벌이 아래로 떨어질 때 그 순서를 최대한 빨리 기억하는 훈련을 한다. 참가자들은 사전에 기억의 궁전을 만드는데, 이때 어린 시절 살았던 집이나 친숙한 길 등 잘 아는 장소를 활용한다. 또는 각 카드에 사람이나 캐릭터 등의 배역을 준다. 나의 경우 스페이드6은 마릴린 먼로, 하트 잭은 내 동생, 클로버 킹은 킹콩 이런 식이다.

나는 모든 클로버 카드에 로빈슨 크루소, 잭 스패로우 등 허구의 배역을 만들었다. 하트는 개인적으로 아는 사람, 다이아몬드는 도널드 트럼프, 덴마크 여왕 마르가레트 등 현대의 유명인, 스페이드는 프랭크 시나트라, 클레오파트라 등 이미 사망한 유명인 또는 역사 속 인물로 정했다.

또 8에 해당하는 모두 카드에는 간디 등 안경을 쓴 사람, 9는 독일어의 'no'에 해당하는 단어 'nein'과 발음이 비슷해서 모두 독일인, 4는 벨기에 만화 〈땡땡의 모험〉 속 땡땡과 스노위 등 다리가 네 개인 친구들로 설정했다.

카드의 숫자와 세트를 조합하면 카드의 순서를 기억하기가 더 쉽다. 가령 스페이드(사망한 역사 속 인물) 9(독일인)는 베토벤이다. 첫 번째 카드를 보여줄 때 카드에 부여한 인물을 기억의 궁전 또는 길의 첫 번째 위치에 배치한다. 그런 뒤 각 캐릭터가 처한 상황의 심상을 만든다. 특정 행동을 같이 하면 더 효과적이다. 더 지저분하고 무례하고 정치적으로 정당하지 않을수록 효과적이다.

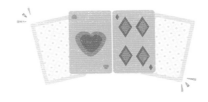

이제 한번 기억해보자. 주방 오븐에서 닭요리를 꺼내는 사람은 누구였나? 베토벤. 불을 돌보느라 옷에 숯 검댕이를 묻히고 땀을 흘리는 사람은 누구였을까? 프란치스코 교황!(내 경우엔 다이아몬드 10). 피아노를 치는 사람은? 우주복을 입은 닐 암스트롱(내 경우엔 스페이드 에이스). 인간에게는 작은 음악적 한 걸음이며, 마음에는 영원히 남을 사진 한 장이다.

기억의 궁전을 활용해 이제 6분쯤 만에 카드의 순서를 기억해내지만, 이 기억의 궁전은 카드 게임보다 더 중요한 우리의 일에 활용할 수도 있다.

과거와 다른 향수병의 의미

1960년대 광고 회사의 이야기를 다루는 드라마 〈매드맨〉에서 내가 제일 좋아하는 장면은 '바퀴'라는 제목의 시즌1 마지막 화다.

코닥은 원형 슬라이드 프로젝터를 새롭게 출시했고, 광고에서 자사의 신제품을 '바퀴'라고 부르는 아이디어를 아주 마음에 들어 했다. 드라마의 주인공이기도 한 광고 회사 스털링 쿠퍼의 크리에이티브 디렉터 돈 드레이퍼는 코닥 광고주와 마주 앉은 회의 시간에 프로젝터를 켠 뒤 자신의 가족과 함께 찍은 오래된 사진 슬라이드를 차례로 넘긴다. 아내와 아이들과 함께 보낸 행복한 순간과 추억이다.

돈 드레이퍼는 광고에서 필요한 기술을 이야기하며 광고에서 가장 중요한 아이디어는 '새로움'이라고 말한다. 동시에 제품과 더 강한 유대감을 형성할 기회, 즉 정서적 유대에 대해 이야기한다. 바로 '향수'다. 희미하지만 강력하고 가슴을 찌르르하게 만드는 것. 그가 보여준 것은 단순히 프로젝터가 아니라 휴대용 향수 발생기, 혹은 사무치도록 다시 가고픈 과거로 돌아가게 해 주는 타임머신이다. 어린 시절로 돌아가 사랑받았던 장소를 다시 찾게 하는 건 바퀴가 아니라 회전목마다.

그 장면은 허구이지만 향수를 마케팅 도구로 활용하는 경우는 실제로 빈번하다. 미래의 향수를 보장하는 값비싼 시계('당신은 파텍 필립을 소유한 것이 아니라 다음 세대를 위해 잠시 맡아두고 있을 뿐')부터 치킨 너깃까지.

맥도날드는 2016년 너깃에서 항생제와 인공 방부제를 없애며 향수를 주제로 광고 캠페인을 제작했다. 두 면으로 분할된 화면 왼쪽에는 소년이, 오른쪽에는 소녀가 나온다. 신디 로퍼의 〈타임 애프터 타임〉이 어쿠스틱 버전으로 흘러나온다. 소년은 자신이 사랑하는 물건들인 자전거, 조이스틱, 장난감을 지나 소녀에게 다가간다. 소년이 이 물건들 옆을 지날 때 1980년대 맥도날드 제품이 지금의 제품으로 바뀐다.

부모라면 자녀에게 본인이 예전에 먹었던 음식보다 더 나은 음식을 주고 싶은 게 인지상정이다. 광고 마지막 장면에서 소년은 소녀에게 치킨 너깃을 건넨다. 소년은 자기 쪽 화면을 넘어 소녀가 있는 화면으로 건너간다. 이번엔 더 이상 소년이 아닌 성인 남성의 모습으로. 대반전! 남자는 소녀의 아버지다. 대단히 잘 만든 광고다. 보다가 거의 울 뻔했으니까.

미국의 경제지 『포브스』에 따르면 향수 요소가 마케팅에 활용되는 이유는 '과거의 긍정적 기억과 사랑했던 우상을 떠올리면 기분이 좋아지기' 때문이다. 또한 2012년 〈저널 오브 프로모션 매니지먼트〉에 실린 '관여도가 향수 광고의 효과에 미치는 영향'의 공동 저자 무엘링과 파스칼은 광고에서 향수는 광고에 대한 주의 집중도와 광고하는 제품이나 브랜드에 대한 시청자의 호감도에 영향을 미친다고 결론 짓는다. 그 결과 향수는 오늘날 광고, TV 프로그램, 미술관 전시, 패션, 음악, 인테리어 디자인, 정치에서 빠지지 않고 사용되는 요소다.

우리는 〈매드맨〉과 1980년대를 배경으로 한 스파이 드라마 〈디 아메리칸즈〉를 시청한다. 빈티지 의류와 가구, 레코드판을 산다. 골동품 가게에 들르고 독일 역사 연구소의 전시회 '우리의 소장품'에서 독일 이민자들이 영국에 가지고 들어온 만년필을 구경한다. 트럼프 대통령은 미국을 '다시 위대한 나라'로 만들겠다고 약속했다. 향수. 희미하지만 강한 힘이다. 하지만 향수가 내내 이런 대접을 받았던 것은 아니다.

'향수'라는 용어는 스위스의 물리학자 요하네스 호퍼가 1688년 의학 논문에서 처음 사용했다. 호퍼는 향수를 내과 질환 내지 신경 질환이라고 생각했다. 주요 증상에는 과도한 고향 생각, 눈물, 불안감, 불면증, 불규칙한 심장 박동 등을 꼽았다. 편집증과 비슷한 질환으로 분류됐지만, 차이점이라면 향수는 그리움과 우울증으로 감정 기복을 겪으며 특정 장소에 한정된다는 점이었다.

　‘향수nostalgia’는 귀환 또는 귀향을 뜻하는 단어 ‘nostos’와 고통을 뜻하는 단어 ‘algos’의 합성어로, 역사상 가장 이르고 길었던 향수병에서 나온 말이다.

　트로이 전쟁에서 승리를 거머쥔 오디세우스와 그리스군은 배를 몰고 고향 이타카로 향한다. 그곳에서 오디세우스는 아내 페넬로페와 재회한다. 트로이와 이타카의 거리는 1000킬로미터가 넘지만, 고향으로 돌아가는 데 10년이나 걸렸다. 키클롭스를 물리치고 세이렌의 유혹을 이기고 포세이돈의 분노에서 살아남는 여정은 길고도 길었다.

　10년 중 7년은 요정 칼립소와 함께 오귀기아섬에서 보냈다. 아름다운 요정 칼립소는 오디세우스에게 반해 자신과 결혼한다면 불멸의 삶을 주겠다고 제안한다. 하지만 오디세우스는 변함없이 고향과 아내를 그리워했다. "페넬로페는 위치나 미모로는 그대의 상대가 되지 않소. 그녀는 영원히 살 수 없지만 당신은 불멸의 삶을 살고 나이도 들지 않소. 그럼에도 내가 날마다 원하고 그리운 사람은 페넬로페요. 그래서 나는 고향이 그립고 돌아갈 날만 손꼽아 기다리오." 이야기는 길지만 결국 오디세우스는 고향으로 돌아가 구애자들에 둘러싸여서도 일편단심 남편만 기다린 아내를 찾고 왕좌에 오른다.

요하네스 호퍼가 말하기를 향수병은 군인에게 많이 나타났는데, 특히 유럽 저지대와 평원에서 싸운 알프스 출신의 스위스 용병들이 스위스의 산을 그리워하며 향수병을 앓았다고 한다. 뇌 손상을 일으킨다고 알려진 현저한 기압차, 뇌와 고막 손상을 일으킨다는 스위스 알프스산맥의 계속 딸랑대며 울리는 소 방울 소리에서 원인을 찾았다. 19세기 초 들어 향수는 더 이상 신경 질환이 아닌 우울증으로 분류됐다. 이런 생각이 20세기까지 이어졌다.

오늘날 향수는 과학 연구의 대상이며, 다양한 척도를 개발해 과거의 관점과 현재의 관점을 비교하고 사람들이 얼마나 쉽게 향수병을 앓는지 측정한다. 가령 '홀브룩 향수 척도'는 '제품이 점점 조잡해지고 있다', '국민 총생산의 지속적 성장이 인간의 행복도를 높였다', '옛날이 더 살기 좋았다' 같은 말에 동의하는지 아닌지 설문을 진행한다. 사우스햄프턴대학교는 이 분야에서 선구적인 학문 기관 중 한 곳으로, 사우스햄프턴 향수 척도는 '향수가 본인에게 얼마나 중요한가?', '향수의 경험을 얼마나 자주 하는가?' 같은 질문을 던진다.

향수를 연구하는 수많은 이유가 있다. 첫째, 향수는 대부분의 사람이 경험하기 때문이다. 영국의 학부생을 대상으로 한 연구에서 학생들의 80퍼센트 이상은 일주일에 최소 한번은 향수를 경험한다고 답했다. 이는 세계 공통인 것 같다. 세상의 모든 사람이 사랑하는 사람과 경험한 특별한 순간을 기억한다. 결혼식과 일몰 풍경, 밤새 함께 있던 시간, 모닥불을 쬐며 바다 위로 해가 떠오르는 풍경을 지켜보던 순간까지 우리는 이런 이야기에서 보통 주인공이지만, 이들 이야기는 우리와 가까운 사람들과 우리의 관계를 보여주는 경험이 주가 된다.

둘째, 향수가 긍정적 감정을 일으키고 자존감과 사랑받고 있다는 느낌을 키우는 동시에 외로움과 무의미함 같은 부정적 감정을 낮춘다는 수많은 증거가 있다.

삶의 만족도, 즉 행복감은 어느 정도는 우리가 우리 삶에 대한 긍정적 이야기를 가지고 있거나 만들 수 있는지 여부에 달려 있다. 삶을 돌아볼 때 결점과 실패의 순간이 떠오르는가? 아니면 기쁨과 행복의 순간이 떠오르는가?

그렇다면 장차 향수가 될 기억에 어떤 재료를 넣어야 할까? 어떻게 하면 기념품을 보관하고 있지 않은 장소나 사건에서 행복한 순간을 가장 잘 간직하고 떠올릴 수 있을까? 행복한 기억은 무엇으로 만들어지며, 어떤 기억을 기억에 남게 만드는 요소는 무엇일까?

1장

처음의 힘

그 시절의 기억

브루스 스프링스틴의 〈글로리 데이즈〉라는 노래를 아는가? 가사를 유심히 보면 알겠지만, 사람들이 옛날 이야기를 하는 걸 얼마나 좋아하는지에 대한 노래다. 자신의 좋았던 시절이나 전성기 같은.

나이 든 사람을 아무나 붙들고 과거의 기억을 물어보면 십중팔구 15~30세 사이 어느 시기의 이야기를 할 것이다. 이를 두고 '회고 효과' 또는 '회고 절정'이라고 한다.

기억 연구는 때때로 연구의 단서가 되는 '단서어'를 이용해 실시한다. '개'라는 단어를 보면 어떤 기억이 떠오르는가? '책'이나 '자몽'은? 삶의 특정 기간과 연관이 없는 단어를 사용하는 편이

다음 단어를 보면 어떤 기억이 떠오르는가?

일몰:

자동차:

신발:

시계:

생선:

가방:

산딸기:

눈:

공책:

양초:

좋다. 가령 '운전 면허증'은 '램프'보다 특정 연령대의 기억을 떠올리기 좋은 단어다. 평소의 자신과 정반대가 되는 연습을 할 수 있다.

　연구 참가자들이 여러 개의 단서어를 듣고 해당 단어가 연상시키는 기억과 그 기억 속 본인의 나이가 몇 살이었는지 질문을 받았을 때, 참가자들의 답변은 주로 독특한 형태의 곡선으로 나타난다. 바로 회고 절정이다. 아래는 덴마크와 미국의 연구자들이 100세 이상의 참가자들을 대상으로 실시한 연구의 결과다. 회고 효과는 최근에 제시된 정보를 가장 잘 기억하는 '최신 효과'(두 곡선 모두 마지막에 치솟는 형태)처럼 명백해 보인다. 예를 들어, '책'이라는 단어를 제시하고 어떤 기억이 떠오르느냐고 물었을 때 사람들은 10년 전에 읽은 책보다는 최근에 읽은 책을 떠올릴 가능성이 높다.

삶의 이야기와 단서어 제시 방식으로 100세가 되기까지
10년 동안 매년 일어난 삶의 이야기를 기억하는 정도

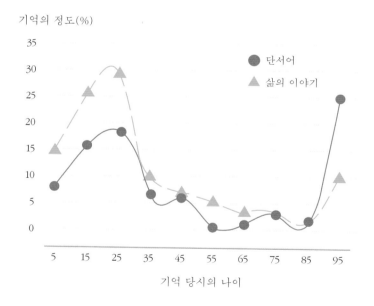

출처: 피아 프롬홀트 외, 〈100세 이상의 참가자들을 대상으로 한 삶의 이야기와
단서어를 활용한 자전 기억: 80세 우울증과 치매 통제 집단과 비교〉, 2003.

　연구자들은 단서어 방식뿐 아니라 참가자들이 대답한 삶의 이야기도 활용했다. 그 결과, 삶의 이야기 방식을 쓰면 심지어 기억의 더 많은 부분이 회고 절정을 보이지만 최신 효과는 줄어든다는 사실을 발견했다.

　또한 일부 자서전에서도 회고 효과를 찾을 수 있는데, 청소년기와 초기 성인기의 기억이 확연히 긴 페이지에 걸쳐 묘사된다. 예를 들어, 총 554페이지에 달하는 애거서 크리스티의 자서전을 보면 346페이지에서 어머니의 죽음에 대한 이야기가 나온다. 크리스티는 회고 절정에 해당하는 그 시기의 기억에 한 해당 10페이지 이상을 할애한다. 반대로 55~75세에 해당하는 1945~1965년의 이야기는 불과 23페이지 안에 다 펼쳐놓는다. 1년에 1페이지가 약간 넘는 분량인 셈이다.

　나 역시 예외가 아니다. 21세와 31세 때 기억을 비교하면 이런 식이다. 21세 생일에 하노이에 있는 호찌민의 묘, 마우솔레움에 간 기억이 난다. 호찌민의 묘소를 보면서 빌 클린턴과 토니 블레어, 혹은 덴마크의 총리 포울 뉘루프 라스무센도 언젠가 본인들을 기념하는 이런 공간을 갖게 될지 궁금해했다. 그때가 1999년이

었다.

여름 동안 정원사로 일했던 기억이 난다. 잔디를 깎을 때 잔디 냄새가 디젤 냄새와 섞이던 기억, 레드 핫 칠리 페퍼스가 막 〈캘리포니케이션〉을 발표했던 생각도 난다. 파리 여행을 간 기억도 난다. 뤽상부르 공원에서 어니스트 헤밍웨이의 『무기여 잘 있거라』를 읽었다. 하드커버였고 갈색과 파란색이 들어간 표지였다.

세비야에서 한 여자아이를 만났다. 우리 둘은 오르세 미술관에서 오후 시간을 함께 보냈다. 미술관 안이라서 몸을 기울여 귓속말을 했고 그녀의 숨소리를 귓가에서 느낄 수 있었다. 그녀의 이름은 아메리카였고, 우리는 퀄리 다리를 걸어서 건넜으며, 그녀의 입술에서 스페인 햄 냄새가 났던 기억이 난다.

산이 많은 안달루시아의 소도시 바에사에서 3개월간 머물렀던 기억이 난다. 그라나다에서 북쪽으로 100킬로미터쯤 떨어진 곳이었다.

파티오 호스텔에 있던 내 방이 기억난다. 방에는 침대 하나, 의자 하나, 책상 하나가 있었다. 빵과 만체고치즈를 샀고, 창문 밖에 가방 하나를 두고 냉장고처럼 사용했다. 책을 두 권 샀는데, 하나는 움베르토 에코의 『장미의 이름』, 다른 하나는 덴마크 철학자 쇠렌 키르케고르에 대한 책이었다. "우리는 미래를 바라보며 살지만 과거를 돌아보아야만 삶을 이해할 수 있다."는 구절을 읽었던 기억도 난다. 두 권의 책, 믹스테이프, 워크맨을 가지고 놀며 시간을 보냈다. 긴 산책을 했다. 밤에 집에 돌아와 실수로 문을 잠그고 나간 걸 알고 배수관을 타고 방 창문 앞까지 기어 올라갔다.

하지만 방을 잘못 찾아 나이가 지긋한 여성을 질겁하게 만들었다.

아침이면 카페 메르칸틸에 갔는데, 웨이터가 나를 보고는 '카페라테 한 잔!' 하고 큰소리로 외치곤 했다. 카페 구석 자리에 앉아 검정색과 회색이 들어간 A5 노트에 형편없는 글을 쓰곤 했다. 이런 질문을 적었던 기억이 난다. "우리가 장소에서 떠나는 것일까, 장소가 우리를 떠나는 것일까?" 심오한 질문이다. 커피 값은 225페세타(스페인의 이전 화폐 단위 – 옮긴이)였다.

저녁이면 카체라는 술집에 가서 얼음 두 알을 넣은 포로지스 위스키를 마시며 벤투라라는 이름의 바텐더와 수다를 떨었다. 벤투라는 검은색 가죽 재킷을 입고 출로라는 개를 키웠다.

덴마크의 어느 빵집에서 일했던 기억이 난다. 시간은 새벽

1시 30분부터 아침 9시까지였다. 시나몬롤 속 재료 170킬로그램을 만드는 조리법이 기억난다. 마가린 70킬로그램, 시나몬 5킬로그램….

　프랑스 샹파뉴의 J. 마르켓 포도밭에서 수확을 거들었던 기억이 난다. 아침이면 자크 마르켓 씨가 굵직한 목소리로 '봉주르'를 외치며 일꾼들을 깨웠다. 유리 덮개를 씌운 치즈가 준비되어 있어 치즈를 원하는 만큼 먹을 수 있었다. 특히 냄새가 강한 치즈가 아주 많았다. 마을 주변으로 길게 펼쳐진 밭에서 일했던 기억이 난다. 다리가 정말 아팠다. 전지가위로 내 몸을 베는 것까지는 괜찮았는데, 반대편에서 일하던 사람을 벤 건 최악이었다. 자기 살을 벨 때는 아프면 동작을 멈추기라도 했으니까.

새까만 포도가 기억난다. 포도는 압착한 뒤 재빨리 즙을 내야 와인의 색이 변하지 않는다. 압착기 아래 컵을 대고 갓 짜낸 포도즙을 마음껏 마실 수 있었다. 하루 중 가장 좋을 때는 지치고 배고픈 상태로 밭에서 돌아올 때였다. 저녁밥은 소박한 시골 밥상이었다. 냉장고가 샴페인으로 가득 차 있던 기억이 난다. 콘크리트 바닥 위 얇은 매트리스 위에서 꿀맛 같은 단잠을 자며 하루를 마무리했다. 정말 행복했던 기억이다.

스물한 살 때 내가 경험한 냄새, 소리, 이미지, 맛, 그리고 몸이 느끼던 감각이 기억난다. 사람들과 나누었던 대화, 내가 무슨 생각을 했고, 커피의 가격이 얼마였고, 개 이름이 뭐였으며, 식당의 메뉴가 뭐였는지도 기억난다.

서른한 살의 나는 회사에서 많은 시간을 보냈다. 사실 그 해에 주고받았던 대화 중 유일하게 기억나는 건 정부 간 기후 변화 위원회의 의장이었던 라젠드라 파차우리와 나눈 짧은 대화다. 코펜하겐에서 기후 정상 회의가 열렸던 해였다. 당시 내가 다니던 회사에서 코펜하겐 북쪽 헬싱외르에 위치한 일명 '햄릿 성'이라고 불리는 크론보르성에서 열리는 행사를 준비했다.

"여기 화장실이 어디죠?" 파차우리 의장이 나에게 물었다.

"안뜰에 있어요. 성 안에 화장실은 하나뿐이거든요."

"음, 성 전체에 화장실이 하나라고요? 정말입니까?"

"네."

"햄릿 대사가 잘못 인용된 것 같지 않나요?"

"네?"

"'누느냐 마느냐 그것이 문제로다.' 사실은 이렇게 말한 거 아닐까요?"

그해에 일어난 일 중 기억나는 건 이 정도다. 물론 재치 넘치는 대화였지만, 정말 '삶이 주마등처럼 스쳐 지나가는' 것 같지 않은가? 당연히 소변 말장난보다 의미 있고 기억에 남을 순간이 더 많았을 것이다. 그럼에도 불구하고 기억하는 순간은 이뿐이다.

이게 바로 회고 절정의 횡포다. 당신은 어떠한가? 스물한 살이던 해에 기억나는 순간이 있는가? 아니면 다른 해의 기억이라도 있는가? 그 기억은 다른 시기의 기억과 어떻게 다른가? 회고 절정을 설명하는 한 가지 이론은 10대와 초기 성인기가 인격이 완성되는 성장기이기 때문이라는 것이다. 정체성과 자아감이 이 시

기에 형성되며, 일부 연구에 따르면 본인이 생각하는 본인 자신과 연결되는 경험은 자신이 누구인지 설명하면서 더 자주 이야기하게 되고 따라서 나이가 들어서도 더 생생하게 기억난다.

또 한 가지 이론은 이 시기에 수많은 '처음'을 경험한다는 것이다. 첫 키스, 첫 독립, 첫 직장. 앞에서 이야기했듯 행복연구소에서 실시한 행복한 기억 연구 결과 사람들의 기억 중 23퍼센트가 새롭거나 독특한 경험이었다.

기억은 새로워야 오래 간다. 여러 연구에 따르면 무언가 다른 경험을 했을 때 새롭고 평소와 달랐던 날은 더 잘 기억한다. 영국의 연구자 질리언 코언과 도러시 포크너가 실시한 연구 결과, 생생하게 떠오르는 기억의 73퍼센트는 첫 경험이거나 독특한 경험이었다. 처음 해보는 색다른 경험은 정교한 인지 과정이 수반되며, 따라서 이 기억을 자연스럽게 부호화하게 된다. 바로 처음의 힘이다. 새로운 날이 곧 기억할 만한 날이다.

첫 경험의 중요성은 또 다른 의미를 지닌다. 예를 들어, 대학에 가면 입학한 해 초반의 경험이 그해 후반에 한 경험보다 더 오래 기억될 가능성이 높다. 뉴햄프셔대학교 심리학과 교수인 데이비드 필레머가 이끈 연구에서 참가자들은 대학 1학년 때의 기억을 묘사하라는 질문을 받았다. 연구자들의 질문은 다음과 같았다. "어떤 종류의 경험이든 상관없습니다. 그냥 떠오르는 첫 경험을 묘사하세요."

연구자들은 2년, 12년, 22년 전에 웰즐리대학교를 졸업한 여성 182명을 인터뷰했다. 연구 후반에 참가자들은 앞서 묘사한 기억

기억: 범위(%)

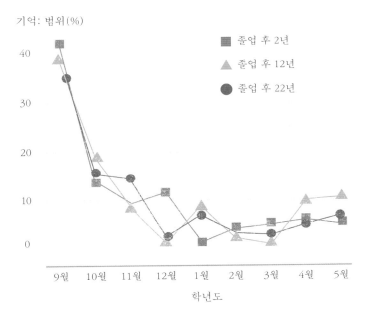

출처: 데이비드 B. 필레머 외, '대학 입학 첫해의 장기 기억',
〈실험 심리학 저널: 학습, 기억, 인지〉, 1988.

을 하나하나 분석하라는 과제를 받았다. 각 기억은 경험 당시 감
정의 강도와 그 경험이 기억 당시 삶에 미친 영향, 그리고 기억 속
경험을 한 대강의 날짜를 바탕으로 평가되었다.

　연구 결과, 대학 입학 연도를 통틀어 참가자들의 대다수 기억
은 학기 초반에 만들어졌으며, 40퍼센트 정도는 9월, 16퍼센트는
10월에 만들어졌다. 나중에 살펴보겠지만, 이 결과를 보면 이행
경험과 정서 경험은 특히 오랫동안 기억에 남을 가능성이 높다.
이게 바로 처음의 힘이다.

행복연구소에서 실시한 행복한 기억 연구에서 우리는 또 행복한 기억의 경우 특별한 날과 새로운 경험이 오래 기억된다는 증거를 발견했다. 우리가 수집한 모든 행복한 기억의 5퍼센트 이상이 명백히 첫 경험에 관한 기억이었다. 첫 데이트, 나이 예순에 혼자서 처음으로 이탈리아 여행을 간 경험, 첫 직장, 첫 춤 공연, 아빠와 처음으로 영화관에서 영화를 본 날들이 그러했다.

HAPPINESS TIP:

1년에 한 번, 가본 적 없는 장소에 찾아가기

새로운 곳에 갈 계획을 세워 보자. 여행지도 좋고, 도시 반대편에 있는 공원도 좋다. 나는 과거에 갔던 장소를 다시 찾아가는 걸 좋아한다. 그래서 여름마다 내 별장이 있는 발트해의 작은 섬 보른홀름에 간다. 야생 체리가 어디서 자라고 작살로 가자미를 잡으려면 어디로 가야 하는지도 훤히 꿰고 있다. 하지만 최근에 새로운 추억을 쌓으려면 한 번도 가본 적이 없는 장소를 가는 게 중요하다는 사실을 깨달았다. 새로운 곳이라고 해서 이국의 몽골 북서부나 아프리카 와가두구까지 갈 필요는 없다. 새로운 장소는 도시 반대편에 있는 가본 적 없는 공원도 괜찮다.

작년에는 덴마크 묀의 하얀 절벽에 갔다. 거대한 하얀 절벽은 발트해 위로 100미터가 넘는 높이로 솟아 덴마크에서 가장 아름다운 절경을 선사했다. 사실 팬케이크처럼 평평한 나라인 덴마크에서는 이 절벽도 높은 편이다. 또한 이 절벽은 덴마크에서 화석 수집을 하기에 최적의 장소이기도 하다. 약간씩 차이는 나지만 주로 7000만 년이 넘는 화석이 자주 나오고, 최근에 한 소년은 바다의 티라노사우루스라 불리는 해룡 모사사우루스의 이빨을 발견했다. 코펜하겐의 집에서 운전해 1시간 30분이면 갈 수 있는 곳인데, 그동안 한 번도 가볼 생각을 못했다. 오후 내내 〈인디아나 존스〉의 OST를 흥얼거리며 화석 사냥을 했다. 소득은 전혀 없었지만 보물 창고에서 또 다른 기억을 간직한 채 집으로 돌아왔다.

누구나 가고 싶다고 생각은 해 봤지만 가본 적 없는 장소가 있다. 누구나 한 번도 가본 적 없는 장소가 있을 것이다. 멀리 떨어진 곳일 수도 있고, 가까운 곳일 수도 있다. 그 순간만큼은 달력도, 지도도 모두 잊어버리자.

나만의 망고를 찾아 다니기

새롭고 기억에 남는 경험은 음식으로 기억되기도 한다. 여행을 떠날 때 미각도 잊지 말고 챙겨가자.

나는 열여섯 살에 망고를 처음 먹었다. 1994년, 호주에 교환학생으로 가 있던 때였다. 내가 자란 덴마크의 슈퍼마켓에는 아직 망고가 들어오기 전이었다. 그 달콤한 맛과 식감이 기억난다. '지금까지 어디 있다 이제 나타난 거야?'라고 생각했던 것 같다. 그때부터 망고를 찾아다니기 시작했다. 세상엔 아직도 내가 먹지 못한 맛있는 음식이 많겠지. 당연하다. 아이슬란드에서 삭힌 상어 고기를 먹어 봤고, 모로코의 길거리 시장에서 달팽이를 먹어 봤다. 두 음식을 먹은 뒤 약간 토했지만, 그 순간만큼은 아주 생생하게 기억난다. 그러니까 첫 경험이 장소가 아닌 음식으로 기억될 수 있다는 말이다. 저녁 초대 손님들에게 잊지 못할 식사를 대접하고 싶다면 손님들이 전에 먹어 보지 못한 음식을 내놓으면 실패하지 않는다. 단, 다음 초대에도 응하길 바란다면 삭힌 상어는 빼자.

게 눈 감추듯 쉽게 먹어 치울 수 없는 음식이어야 좋다. 새벽 3시에 마시는 감초 보드카처럼 여러 이유로 누구도 기억하지 못하는 음식 말고 아티초크처럼 먹는 데 어느 정도 노력이 필요한 음식이 좋다. 잎 하나하나 껍질을 벗겨서 가염버터에 찍어 맛있는 살을 발라서 먹어야 하는 채소. 이런 행위는 음식을 먹는 경험 자체를 온몸으로 더 오래 기억하게 한다.

이는 나이가 들수록 시간이 더 빨리 가는 것처럼 느껴지는 이유이기도 하다. 10대에는 수많은 처음을 경험하지만, 50대에 첫 경험은 좀처럼 드물게 일어난다. 젊은 시절의 일상 풍경이 더 빨리 휙휙 바뀌어서인지도 모르겠다. 하노이, 파리, 샹파뉴, 바에사에서 보낸 시간과 사무실에서 보낸 날들만 비교해 봐도 그렇다.

스페인어권 나라에서 미국으로 건너온 이민자들 사이에서 회고 절정의 시기가 제각각인 것도 이 때문이다. 즉 이민 당시 나이가 몇 살이었느냐에 따라 제일 생생하게 기억하는 삶의 시기가 달라진다.

새로운 도시로 이사를 가는 건 개인에게는 중요한, 일시적 사건이다. 하지만 이 같은 사건은 케네디 대통령 암살 사건이나

9.11 테러처럼 세계 또는 집단의 사건이라는 형태로 일어나기도 한다. 모든 상황에서 한때의 중요한 첫 사건과 장소 이동은 자전 기억을 형성하는 데 중요한 역할을 한다. 말하자면 '비포'와 '애프터'다.

　삶의 속도를 늦추고 매 순간과 인생을 기억할 만하게 살고 싶다면 처음의 힘을 이용하는 것이 중요하다. 매일 똑같은 일상에서 평범한 순간을 어떻게 하면 조금 더 특별하게 바꿀 수 있는지 고민하면 시간의 강이 늘어날 수 있다. 사소한 변화도 괜찮다. 가령, 늘 텔레비전 앞에서 음식을 먹는다면 한번쯤 변화를 줘서 촛불을 켠 식탁 주변에 온 가족이 둘러앉아 저녁을 먹어 보면 그날이 더 근사하게 느껴질지도 모른다. 반대로 늘 촛불을 켠 식탁에서 밥을 먹는다면 영화를 보면서 저녁을 먹는 경험이 특별하게 느껴질지도 모른다.

누구나 특별한 것을 기억한다

몇 년 전 멕시코 과달라하라에서 여름을 보낸 적이 있다. 책을 마감하고 있던 터라 어디에서 일하든 상관없었다. 어느 날 오후, 이발소 밖에서 내 차례를 기다리고 있는데 어디선가 벌새 한 마리가 나타났다. 새는 1~2분가량 내 주위를 맴돌며 동물 왕국의 헬리콥터다운 능력을 과시했다. '근사하다.' 벌새를 처음 본 나는 이렇게 생각했다.

1년 뒤 아버지와 동생과 함께 열두 살 때 갔던 미국 여행을 추억했다. 뉴욕, 그랜드캐니언, 케네디 우주 센터, 그리고 리오그란데강을 지나 텍사스에서 멕시코로 건너간 이야기를 했다.

"벌새 기억나니?" 아버지가 물었다.

"뭐라고요?"

"유타에서 봤던 벌새 말이야."

알고 보니 나는 멕시코에서 벌새를 처음 본 게 아니었다. 그전에 이미 본 적이 있었다. 당시 내가 열두 살이라서 잊고 있었던 건지도 모른다. 그 나이에 벌새는 눈에 들어오지 않으니까. 새들은 쿨한 존재가 아니다. 흔히 쿨하다고 말할 때의 의미를 알지 않는가? 수십억 달러의 돈이 아니라 체리 코크와 MTV가 쿨한 존재였

다. 그런 것들이 열두 살의 내 머리에 저장된 특별한 기억이었다.

프리드리히 니체는 이렇게 말했다. "나쁜 기억의 장점은 같은 일을 처음처럼 여러 번 경험할 수 있다는 것이다."

누군가에게 평범하고 기억할 가치가 없는 일이 나한테는 특별하고 기억할 만한 일일 수 있다. 따라서 사람마다 같은 경험을 다르게 기억하는 것일지도 모른다. 한 가지 작은 예로, 친구나 가족과 산책을 간 뒤 나중에 산책에서 본 것을 비교해 보면 된다. 아이가 있는 사람이라면 함께 겪은 특별한 경험을 아이의 기억 속에 담아 주고 싶겠지만, 정작 아이는 당시 그 경험이 얼마나 대단한지 알지 못했을지도 모른다.

고래, 말, 고양이, 독수리, 암소, 칠면조, 치즈케이크, 코끼리.

우리는 특별한 것, 눈에 띄는 것을 기억한다. 이를 고립 효과 또는 폰 레스톨프 효과라고 부른다. 독일의 정신과 의사 헤트비히

폰 레스톨프는 1933년 단어들을 연달아 보여주었을 때 다른 단어들과 의미가 아주 다른 단어를 참가자들이 더 잘 기억한다는 사실을 발견했다. 가령 위에 나열된 단어에서 '치즈케이크'라는 단어를 기억할 가능성이 높다. 하나 더. 폰 레스톨프 효과를 언급하는 순간 저녁 식사 자리에서 지성미를 한껏 뽐낼 수 있다.

무대 위에 파인애플을 들고 올라가 보기

사람들에게 기억되길 바란다면 기억될 만한 무기가 필요하다.

10년 전쯤, 춤을 추다가 각막에 상처를 입어서 일주일 동안 안대를 차고 다녀야 했다. 그때가 내 평생 최고의 일주일이었다. 당시 나는 지속 가능성을 연구하는 정책 연구소 '먼데이 모닝'이라는 회사에 다니고 있었다. 안대 덕분에 모든 사람이 끝없이 해적과 관련한 농담을 했고, 나 역시 참가하는 모든 회의의 주인공이 될 수 있었다. 무엇보다 쉽게 잊을 수 없는 사람이 될 수 있었다. 먼데이 모닝의 마이크? 그 사람 아냐…? 맞아, 안대 한 남자.

잊히고 싶지 않다면 남들보다 튀고 특이한 사람이 되는 것이 좋다. 나의 경우 학회에서 발표를 할 때 사람들이 나를 쉽게 기억하는데, 흔히 '그 행복 박사'로 기억하기 때문이다. 하지만 내가 스무 명의 행복 연구자 중 한 명이라면? 답은 '무대 위에 파인애플을 들고 올라가라'이다. 학회가 끝나면 사람들은 파인애플을 들고 강연한 사람이라고 기억할 것이다. 물론 사람들에게 왜 파인애플을 들고 올라갔는지는 설명해야 한다. 그렇지 않으면 그냥 이상한 사람으로 보이거나, 본인의 생각보다 훨씬 더 이상한 사람으로 보일 테니까.

2장

오감을 활용할 것

마들렌 순간이 말해주는 것

"그녀의 이름은 모데스타였지만, 실제로 이름처럼 겸손하진 않았어요." 롤라가 말했다. 롤라는 나의 스페인 편집자였는데, 우리는 마드리드의 마요르 광장 바로 뒤편에 있는 산미겔 시장에서 점심으로 생선과 오징어 요리를 먹고 있었다.

모데스타는 스페인어로 '겸손한'이라는 뜻으로, 모데스타는 롤라의 할머니였다. 이사벨 아옌데의 소설이나 페드로 알모도바르 감독의 영화에 나오면 딱 어울릴 것 같은 사람이었다. 그녀를 생각할 때면 거만한 포즈와 눈빛으로 마차를 단숨에 세우는 모습이 떠오른다.

"대학에 가면 평생 결혼은 물 건너가는 거야." 모데스타의 아버지는 그녀에게 으름장을 놓았다. 1920년대에 스페인에서 대학에 가는 건 철저히 남자들의 일이었다. 게다가 모데스타의 아버지는 의사였음에도 과거 모데스타의 여동생이 죽은 이유가 교육이 여성의 뇌를 손상시킬 수 있기 때문이라고 믿었다.

하지만 모데스타는 고집을 꺾지 않고 대학에 들어갔다. 그녀의 고모가 보호자 역할로 학교에 따라다녔는데, 교실 뒤에서 뜨개질을 하며 모데스타와 남자아이들을 지켜봤다.

학교를 마치면 모데스타는 고모와 함께 1894년에부터 장사를 해온 솔 광장의 빵집, 라 마요르키나에 가서 에스트레야 데 오할드레(속에 초콜릿잼이 들어가는 별 모양의 파이 – 옮긴이)라는 작은 빵을 먹곤 했다. 모데스타는 교육과 약학, 두 개 학위를 받고 졸업했다. 또 결혼도 하고, 스페인 내전을 겪고 97세까지 살았다. 노년에는 종종 롤라에게 라 마요르키나의 에스트레야를 사 오라고 시키기도 했다.

라 마요르키나는 지금도 영업을 하고 있다. 모데스타의 이야기를 들은 지 몇 달 뒤에 마드리드로 돌아와 솔 광장의 그 빵집을 찾아갔다. 빵집은 마요르 거리 모퉁이, KFC와 맥도날드 맞은편에 자리 잡고 있었다. 안타깝게도 모데스타가 좋아했던 에스트레야 데 오할드레는 몇 년 전부터 만들지 않는다고 했다. "조리법이 굉장히 단순한 빵이었죠. 지금은 더 맛있는 빵이 많답니다." 제빵사가 내게 말했다.

하지만 나한테 중요한 건 그게 아니었다. 나는 그저 모데스타가 거의 한 세기 전에 먹었던 그 빵의 맛이 궁금했고, 그녀의 기억 속 그 빵을 직접 맛보고 싶었다. 모데스타에게도 실제 빵 맛이 중요한 건 아니었으리라. 때로 어떤 장소가 인기 있는 이유는 맛 때문이 아니라 그 맛이 떠올리게 하는 기억 때문일 것이다. 모데스타가 먹었던 빵은 곧 그녀의 청춘이었다. 아마도 그 맛은 화학 법칙을 설명하는 교수의 말과 아래위로 엮이던 고모의 뜨개바늘이었으리라. 이를테면 자유의 맛이다.

하지만 맛으로 과거의 기억을 떠올리는 사람은 모데스타만이

행복한 추억들…

"제가 어린 시절을 보낸 소도시의 큰길을 엄마와 함께 걸어 내려오면서 레몬 맛 젤라또를 먹었던 기억이요."

"어릴 때 엄마가 포블라노고추를 굽던 기억이요. 고추가 불 속에서 구워지는 동안 껍질 부분이 타닥타닥, 팡팡 소리를 내며 익을 때 나던 냄새를 정말 좋아했어요."

"고등학교 3학년 때 친한 친구들, 크로스컨트리 팀원들과 마시멜로와 초콜릿을 크래커 사이에 넣은 간식 스모어를 같이 먹었던 기억이요. 평생 먹은 스모어 중에 제일 맛있었어요. 가을에는 모닥불 앞에 앉아서 놀았죠. 뉴잉글랜드 시골 지역은 정말 아름답거든요. 말로 할 수 없을 정도로 행복했고, 그때가 인생 최고로 행복한 순간이었던 것 같아요."

아니다. 행복연구소에서 실시한 행복한 기억 연구에 참여한 사람들은 종종 음식의 맛이나 냄새를 이야기했다. 실제로 우리가 수집한 기억의 62퍼센트는 여러 감각이 동원된 기억이었다.

우리 모두 어떤 기억을 떠올릴 때 맛이 데려가는 시간 여행의 힘을 잘 알고 있다. 레몬 술인 리몬첼로의 맛을 떠올리면 어느새 이탈리아에서 보낸 여름으로 돌아가 피부에 와 닿는 따뜻한 밤공기를 느낀다. 과거의 행복했던 기억이 어느 순간 되살아나는 기분이다. 누구나 맛과 소리, 냄새, 이미지, 감촉을 통해 과거의 한순간으로 돌아가는 경험을 한다. 그렇게 한때 사랑했고 행복했던 감각을 떠올린다.

우리의 감각과 기억 간 상관관계는 문학의 단골 주제다. 가브리엘 가르시아 마르케스는 자신의 책『콜레라 시대의 사랑』을 이런 말로 시작한다. 쌉쌀한 아몬드 향기를 맡으면 주베날 우르비노는 언제나 짝사랑의 기억을 떠올렸다고. 우리의 오감은 기억을 떠올리고 되찾게 한다. 이런 현상을 '프루스트 현상' 또는 '마들렌 순간'이라고 부르기도 한다.『잃어버린 시간을 찾아서』는 마르셀 프루스트의 가장 유명한 작품으로 평가받는다. 일곱 권으로 이루어진 책은 도합 3000페이지에 육박한다. 1권에서 주인공 마르셀은 마들렌을 차에 적셔 먹고 어릴 적 기억을 떠올린다.

그녀는 나에게 '프티 마들렌'이라는 몽땅하고 통통한 빵을 사오라고 시켰다. 마치 세로줄이 쳐진 가리비 껍데기 틀에 넣고 구운 모양이다. 우울한 하루를 보내고, 내일 역시 우울할 것이라는 마음으로 낙담한 채 기계적으로 차 한 스푼에 빵 약간을 적셔 입술로 가져갔다. 곧 빵 조각과 섞인 따뜻한 차가 내 혀에 닿았다… 극강의 즐거움이 내 감각을 밀고 들어왔다… 이 엄청난 기쁨의 정체는 대체 무엇이지?

지금까지 여러 학자들이 프루스트가 쓴 '마들렌 순간'은 사실 지금 우리가 생각하는 마들렌 순간이 아니라고 지적했다. 마들렌 순간은 어떤 맛이 자연스럽고도 즉각적으로 연상시키는 생생한 기억이지만, 마르셀은 그 기억을 떠올리기 위해 상당히 애를 쓰고 또 여러 가지 시도를 한다는 것이다.

프루스트가 맛과 기억 사이의 상관관계를 설명하는 데 큰 기여를 했다는 건 알지만, 개인적으로는 곰돌이 푸가 가장 명쾌하게 설명했다고 본다. 푸는 피글렛과 아침에 제일 먼저 무엇을 생각하는지를 놓고 대화를 나눈다. 푸가 처음 생각하는 건 '아침 뭐 먹지?'이다. 한편 피글렛은 '오늘은 또 무슨 재미있는 일이 일어날까?'이다. 푸는 결국 같은 대답이라고 말한다. 우리의 경험과 기억은 모두 우리가 먹는 음식으로 결정된다고 믿기 때문이다.

프루스트와 푸 중 어느 쪽을 현인으로 고르든, 여기서 얻을 수 있는 교훈은 모든 감각을 필요에 따라 적절히 활용해야 한다는 사실이다. 행복하다고 느끼는 순간에 시각, 후각, 청각, 촉각 중 자신이 뭘 쓰고 있는지 주의를 기울이면서.

행복연구소에서 실시한 행복한 기억 조사에서 수집한 아래 답변이 좋은 예시다. 50대 미국인 남성의 이야기다.

우리는 6일 내내 해변가에 있는 집에 머물렀어요. 어두컴컴한 새벽에 일어나 울부짖는 파도 소리를 들으며 따뜻한 일출 장면을 바라봤죠. 그 후에는 내 인생의 여인과 해변을 걸으며 새를 관찰했습니다. 산책 후에는 커피를 마시면서 스마트폰으로 새를 관찰한 결과를 국제 조류 데이터베이스에 보냈어요. 자연을 보고 듣고 모래를 만지며 조류학의 발전을 돕는 즐거움은 내 평생의 여인과 함께 한 여행을 아주 특별하게 만들어 줬습니다. 이 순간을 기억하는 이유는 최근 일이기도 하고, 또 자연, 조류 관찰, 우리 둘 다 좋아하는 활동까지 제가 가장 좋아하는 일을 했기 때문입니다. 또 혼자서 해가 뜨기 전 캄캄한 어둠을 응시하며 바다 소리를 들으면서 깊은 마음의 평화를 얻었죠. 해변을 걸을 때 그랬던 것처럼요.

이 점을 명심하라. 온몸으로 집중하라. 이 남성은 감각 기관이 받아들이는 모든 자극과 정보를 의식했다. 바다의 소리, 하늘을 나는 새의 모습, 떠오르는 해의 온기. 그는 조류 관찰을 진심으로 좋아하는 사람처럼 보인다.

자기만의 기억 방아쇠 만들기

사람들은 연상을 통해 무언가를 기억한다. 그러므로 기억하고 싶은 바로 그 순간으로 데려다줄 무언가를 일상의 경험 속에 배치하자. 프루스트의 소설 속 화자가 마들렌을 차에 적셔 먹은 후 의식의 흐름 속으로 들어간 이야기를 읽지 않았을지라도 프루스트가 말한 '마들렌 순간'의 힘을 활용할 수는 있다. 시각, 후각, 청각, 미각, 촉각까지 많은 감각을 활용할수록 기억을 더 생생하게 떠올릴 수 있다. 단서가 더 많을수록 그 기억을 오래 간직하고 기억해 낼 가능성도 높다.

저절로 떠오르는 기억은 대개 연상의 결과다. 기억 속 자세한 단서가 반복되면서, 방아쇠는 기억을 활성화시킨다. 최고의 방아쇠는 한 가지 기억과만 연결된 연상이다.

나는 커피 향을 엄청 좋아하는데, 수없이 많은 커피 향을 맡았지만 커피 향을 맡을 때 연상되는 기억은 딱히 없다. 한편 말린 해초 냄새를 맡으면 7월의 어느 아름다웠던 날이 떠오른다. 작살로 넙치 세 마리를 잡은 뒤 따뜻한 바위 위에 앉아 바다를 내다보고 있었다. 심호흡을 하면서 긴장을 풀며 고요와 행복을 맛봤다. 그 기억을 붙잡아 저장해 두고 싶었다. 그래서 말린 해초 한 줌에 코를 대고 냄새를 맡으며 그때 기억을 담아 두려 애썼다.

그러니까 다음에 정말 행복한 순간을 경험하고 그 순간을 담아 두고 싶다면 감각 기관에 들어온 모든 정보를 주의 깊게 살펴보자. 고유한 향, 소리, 질감, 맛이 있는가? 그 순간을 장기 기억 속에 넣어 두면 된다.

오감 자극하기

나는 런던에 가면 보통 같은 호텔에 묵는다. 그 호텔을 갈 때마다 두 가지에 놀란다. 하나는 어떤 객실에 묵든 레오나르도 다 빈치의 그림 〈담비를 안고 있는 여인〉 복제본이 침대 위에 걸려 있다는 점이다. 담비는 족제비과의 동물인데, 눈이 빨갛고 발톱이 날카로운 등 꽤나 사납게 생겼다.

두 번째로 놀라는 점은 향이다. 어떤 호텔은 자사 브랜드에서 공통으로 사용하는 향이 난다. 스위스 호텔 체인 중 한 곳은 고객들에게 스위스의 향을 맡게 해 주려고 브랜드 고유의 향을 만들기도 했다. 산의 향기에 돈 향기가 약간 섞여 있는 듯한.

'에어 아로마'나 '센트에어' 같은 회사는 호텔, 소매 매장 등에서 의뢰를 받고 각 공간에 고유한 향을 만들어 준다. 센트에어의 고객 중 하나는 런던 레스터 광장에 위치한 초콜릿 브랜드 엠앤드엠 월드M&M World 매장이다. 센트에어 영국 지사의 상무이사 크리스토퍼 프랫은 『인디펜던트』지 인터뷰에서 이렇게 말했다. "흔히 매장에서 초콜릿 냄새가 날 거라고 생각하지만, 예전에는 그렇지 않았습니다." 지금은 초콜릿 냄새가 난다. 이제 무슨 말인지 대충 냄새를 맡았는가?

　그런데 향이 왜 중요할까? 독특하고 오감을 자극하는 경험을
해야 고객의 기억에 남기 때문이다. "우리는 오래 기억될 추억을
만드는 겁니다. 향은 호텔의 인상과 이미지와 직결되죠. 고객들은
호텔에 발을 들이는 순간부터 특별한 경험을 하고 있다고 느끼길
원합니다." 에어 아로마의 칼리 파울러가 설명했다.

　하지만 냄새는 어떤 경험과 연관되기 전에는 아무런 의미가 없
다. 특정 향을 어떤 일과 함께 경험할 때 서로 연관이 생기면서 특
별한 의미가 만들어진다. 우리가 쓰레기 냄새를 싫어하는 이유는
쓰레기 냄새이기 때문이다. 혹은 셰익스피어의 작품 속 인물인 햄
릿의 말을 살짝 바꿔서 말하자면 '세상에 좋고 나쁜 것은 없다. 단
지 생각이 그렇게 만들 뿐이다.' 잠깐, 이 썩은 냄새는 뭐지? 누가
망할 놈의 절인 청어를 먹는 거지? 절인 청어는 냄새가 고약해서
집밖에서 먹어야 한다. 범인은 클라우디우스 삼촌이 틀림없다.

앤디 워홀도 믿은 후각

『인생이 빛나는 정리의 마법』의 저자 곤도 마리에가 슈퍼히어로 라면 그녀에게 최대의 적은 앤디 워홀일 것이다. 어쨌든 곤도 마리에의 초능력은 양말의 짝을 찾아 주는 능력이라고 생각한다.

위홀은 수프 통조림과 마릴린 먼로 그림, 그리고 '미래에는 누구나 15분간 유명해질 수 있다'라는 말로 유명하다. 비교적 덜 알려진 부분이라면 위홀의 수집 습관이다. 1960년대 초반부터 1987년에 생을 마감할 때까지 워홀은 수만 개의 물건을 담은 타임캡슐을 600개 이상 만들었다. 고급 레스토랑에서 슬쩍 가져온 재떨이부터 크리스마스 포장지, 읽지 않은 편지, 갤러리 초대장, 엘비스 사진, 명함, 광고 우편물, 팬레터, 레코드판, 자른 발톱, 개미 사체, 콘크리트 덩어리, 베벌리 윌셔 호텔의 '방해 금지' 팻말까지 별별 물건을 다 담았다.

자른 발톱이라면 우리 집 서랍도 타임캡슐이라고 할 수 있겠다. 그런데도 사람들은 10달러의 입장료를 내고 피츠버그에 있는 앤디 워홀 박물관을 찾아가 위홀의 타임캡슐을 구경한다. 하지만 위홀의 수집 프로젝트 중 개인적으로 가장 흥미로웠던 전시는 영원한 향을 수집해 선보인 '향기 박물관'이었다.

워홀은 향수를 워낙 좋아했다. 그의 전기『앤디 워홀의 철학』에서 워홀은 매 순간 향수를 바꿔 가며 사용하면서 각 향기와 관련된 기억을 간직하려고 애쓴 과정을 설명한다.

> 3개월 간 하나의 향수만 뿌린 뒤에는 더 뿌리고 싶은 마음이 들더라도 그 향수를 더 이상 사용하지 않는다. 그래야 그 향을 다시 맡을 때마다 그 3개월의 기억이 떠오를 테니까. 그리고 다시는 그 향을 뿌리지 않는다. 이 향들이 모여 나의 영원한 향기 컬렉션이 탄생했다.

워홀은 시각, 청각, 촉각, 미각보다 후각이야말로 특정 기억으로 돌아가는 강력한 매개 역할을 한다고 믿었다. 향기를 병 안에 담아 보관함으로써 워홀은 자신이 기억을 통제하고 있다고 느꼈

고, 그날그날의 기분에 따라 어떤 기억을 찾아갈지 선택하곤 했다. "훌륭한 회상법이죠." 워홀은 이렇게 말했다. 향기의 중요성을 주장하는 한 가지 이론은 냄새가 기억과 감정을 관장한다는 뇌의 변연계와 연결되어 있다는 것이다.

워홀은 화장품 브랜드 에스티 로더의 '뷰티풀'이라는 향수 한 병과 함께 묻혔다. '1000송이의 꽃향기'가 난다고 알려진 향수다. 처음에는 장미, 수선화, 감귤의 향이 나며, 뒤에는 호박과 백단향 등 따뜻한 계열의 향이 남는다. 1985년에 출시된 제품이다. 그해 무슨 일이 있었기에 워홀은 그 향수와 함께 묻히고 싶어 했을까?

행복을 주는 그 시절 추억의 음악

힙합 그룹 쿨리오의 〈갱스터 패러다이스〉, 엔리케 이글레시아스의 〈바일라모스〉 또는 다이도의 〈화이트 플래그〉를 들으면 무슨 생각이 드는가? 이 노래들은 각각 1995년, 1999년, 2004년 음악 차트에 오른 곡이다.

1995년에 나는 한 극장에서 일했는데, 당시 미셸 파이퍼 주연의 영화 〈위험한 아이들〉을 상영 중이었다. 1999년에는 스페인에 있었는데, 술집마다 〈바일라모스〉를 미친 듯이 틀어댔다. 2004년에는 자전거를 타고 코펜하겐의 거리를 다닐 때마다 다이도의 노래를 줄기차게 들었다. 그래서 이 곡들이 나올 때마다 각각의 장면이 떠오른다. 팝콘 냄새, 위스키 맛, 그 당시 출퇴근

길에 봤던 도시 풍경이 다시 눈앞에 떠오른다.

향과 더불어 음악 역시 과거로 돌아가게 하는 힘이 있다. 하나의 음이 우리를 그 시간, 그 장소, 그 기분으로 데려다준다. 계속 과거의 그 시간, 그곳에 있었던 마냥. 흔히 말하듯 모든 좋은 노래에는 저마다 숨은 이야기가 있다.

그리고 그 같은 시간 여행이 우리의 음악 취향을 결정짓기도 한다. 2018년, 경제학자이자 『뉴욕타임스』 칼럼니스트 세스 스티븐스 다비도위츠는 음악 스트리밍 사이트 스포티파이에서 자료를 찾는다. 1960년부터 2000년 사이 차트 상위권에 오른 모든 곡을 찾아보고 각각의 곡을 사람들이 얼마나 많이 들었는지 조사한다.

당연한 이야기지만 나이는 음악 취향을 가르는 중요한 요인이다. 80대 남성 중에 테일러 스위프트의 〈셰이크 잇 오프〉를 듣는 사람은 많지 않다. 40대 경찰관들이 주로 이 곡을 듣는다. 그 이유가 궁금하다면 구글에 검색해 보면 된다(미국의 한 경찰관이 셰이크 잇 오프에 맞춰 춤을 추는 영상이 온라인에서 유명해진 바 있다 - 옮긴이). 연구 결과, 성인 남녀는 사춘기 시절 좋아했던 노래를 성인이 되어서도 자주 듣는 것으로 밝혀졌다.

가령, 영국 밴드 라디오헤드의 곡 〈크립〉은 1977년에 태어난 남성들 사이에서 인기가 많다. 그 연령대에서 164번째로 많이 재생한 곡이지만, 1967~1987년에 태어난 사람들 사이에서는 상위 300위 안에도 들어가지 않는다. 〈크립〉은 이 곡을 좋아한 남성들이 15세 무렵일 때 발표됐다. 일관성 있는 패턴처럼 보인다. 다비도위츠는 남성들 사이에서 가장 인기 있는 곡이 그들이 15~16세일 때 처음 발매된 곡이라는 사실을 발견했다. 여성들의 경우 15~17세 사이였다. 즉, 10대 때 좋아했던 곡을 어른이 되어서도 계속 좋아한다는 것이다.

이 사실을 활용해 파티의 흥을 돋울 수도 있고, 사람들로 하여금 청소년기의 기억을 이야기하게 만들 수도 있다. 그리고 가장 행복한 순간에는 음악이 있다는 사실을 알게 되지 않았는가.

재닛 잭슨 〈댓츠 더 웨이 러브 고즈〉(1993)

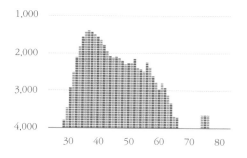

최상위권은
35세 여성
(곡 발표 당시 11세)

더 큐어 〈저스트 라이크 헤븐〉(1987)

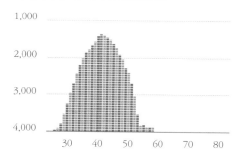

최상위권은
41세 여성
(곡 발표 당시 11세)

로이 오비슨 〈오, 프리티 워먼〉(1964)

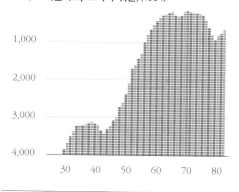

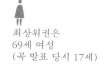

최상위권은
69세 여성
(곡 발표 당시 17세)

새비지 가든 〈트룰리 매들리 디플리〉(1997)

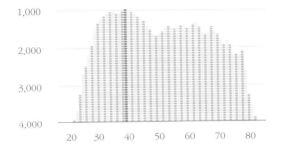

최상위권은
38세 남성
(곡 발표 당시 18세)

밴 모리슨 〈크레이지 러브〉(1970)

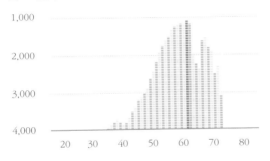

최상위권은
63세 남성
(곡 발표 당시 16세)

레이 찰스 〈아이 캔트 스톱 러빙 유〉(1962)

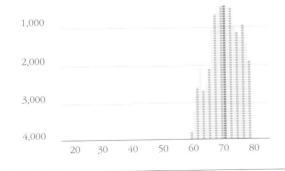

최상위권은
72세 남성
(곡 발표 당시 17세)

출처: 세스 스티븐스 다비도위츠의 스포티파이 데이터 분석 결과,
〈세대를 묶는 노래들〉, 『뉴욕타임스』, 2018.

거짓 기억 테스트

이제 감각 기관이 더 생생한 기억을 저장하고 떠올리게 해 준다는 사실을 알게 됐다. 특정 맛은 특정 기억을 떠올리게 한다. 동시에 우리의 기억은 우리가 찾는 맛에 영향을 미치기도 하며, 이는 심지어 거짓 기억인 경우에도 마찬가지다.

엘리자베스 로프터스는 캘리포니아대학교 어바인 캠퍼스의 교수로, 거짓 기억, 그리고 거짓 기억이 우리 행동을 미치는 영향에 관한 흥미로운 연구를 진행했다.

2008년 '아스파라거스, 러브 스토리: 건강한 식사는 사실 거짓 기억일 수 있다'라는 연구에 참여한 231명의 참가자들은 성격과 음식, 취향 사이의 관련성을 알아보는 연구에 참여 중이라고 믿은 채 여러 설문 조사에 응했다. 한 설문에서는 아스파라거스 볶음을 포함한 총 32개의 아스파라거스 음식을 먹고 싶은 욕망을 각각 조사했는데, 그중에는 전채, 수프 등 일반적인 메뉴의 형태로 된 음식도 있었다.

또 다른 설문에서는 쌀, 토르티야 칩, 호박, 아스파라거스 등 마트에서 판매하는 21개의 식품의 가격과 각 제품에 대한 참가자의 구입 의사를 평가했다. 이 두 가지 설문을 여러 차례 실시했으며,

연구 과정에서 로프터스와 동료들은 일부 참가자에게 어릴 때 아스파라거스를 즐겨 먹었다는 거짓 기억을 심었다. 나머지 참가자들의 기억은 조작하지 않았다. 이렇게 통제 집단을 만들었다.

통제 집단에 속한 참가자들, 즉 어릴 때 아스파라거스를 좋아했다고 믿게 된 참가자들은 이 새로운 기억, 즉 거짓 기억의 결과로 전반적으로 아스파라거스를 좋아한다고 답했다. 레스토랑에서 아스파라거스를 더 먹고 싶어 했으며 마트에서 더 비싼 값을 치르더라도 아스파라거스를 구입하겠다는 대답을 했다.

추억의 요리 만들기

요리를 즐겨 한다면 특정 맛이나 요리를 행복한 추억과 연결 짓고 싶을 것이다. 올여름, 여자 친구와 보른홀름섬에서 행복한 하루를 보낸 뒤 추억의 요리를 만들었다. 그만큼 기억하고 싶은 하루였다. 낱말 맞추기를 하면서 느긋하게 아침을 먹고 오후에는 수영을 하러 갔다. 발트해의 시원한 바닷물과 햇볕에 달궈진 따뜻한 바위 위를 오갔다.

우리는 바닷가에서 지는 해를 바라보며 오두막집으로 돌아왔다. 그때 동쪽 해안에 위치한, 문자 그대로 해석하면 '신의 집'을 뜻하는 매력적인 소도시 구드엠의 수평선 위로 어른대는 새로운 불빛을 발견했다. 마을의 이름은 또한 덴마크의 전통 오픈 샌드위치인 스뫼레브레 솔 오베르 구드엠(문자 그대로 해석하면 '신의 집 위에 뜬 태양')에서 유래했다.

수평선 위 어른대는 빛은 달빛이었다. 그래서 자연스럽게 우리는 새로운 음식의 이름을 '신의 집 위에 뜬 달'이라고 지었다. 토스트 위에 보른홀름의 특산품인 구운 새우와 수란이 들어간 음식이다. 새우 위 수란을 반으로 가르면 달이 떠오르고, 완벽했던 어느 여름날이 생각난다.

기억의 길 워킹 투어

행복했던 순간의 기억을 떠올리게 하는 장소를 찾아가보자. 맞다. 우리는 어떤 일이 일어났던 장소에 있으면 그 기억이 더 잘 떠오른다는 사실을 안다. 시각을 활용해 기억을 되살리는 것이다. 그 사실로 무장한 채 자연스럽고 재미있게, 말 그대로 기억의 길을 걸어갈 수 있다.

지난여름, 이 책의 자료 조사차 여자 친구와 함께 아버지를 찾아갔다. 아버지에게 덴마크 제2의 도시인 '볼프 투어'를 계획해달라고 부탁한 터였다. 아버지는 1960년대에 오르후스에 살았는데 당시에는 광고 일을 하고 있었다. 그리고 몇 년 전 다시 오르후스로 돌아왔다.

"아버지가 살고 일하고 또 술 마신 곳을 가 보고 싶어요." 나는 이렇게 말했다.

그날 오후, 여자 친구와 나는 아버지의 옛 근무지를 찾아갔다. 아침마다 아버지가 걸어서 출근하던 길을 걸었다. 아버지가 동료들과 맥주 한 잔을 곁들여 저녁을 먹던 식당 테아테르 보데가를 봤다. 유니폼을 입은 운전기사들이 집밖에서 대기하며 차를 닦던 거리와 부모님이 처음 만났을 당시 어머니가 일했던 약국도 보였다. 어머니는 귀찮게 굴던 손님들이 너무 싫어서 상사였던 약사를 불러야 했다고 말했던 기억이 난다.

전에도 이야기를 자주 듣기는 했지만, 실제 이야기의 배경이 된 장소를 가 보니 이야기들이 더 생명력을 얻는 것 같았다. 그리고 지금 아버지가 해 준 몇 가지 이야기와 기억이 오르후스 거리를 걸어서 돌아다녔던 기분 좋은 여름날 오후의 기억과 섞였다. 그러니 기억의 길을 천천히 걸어가 보라. 본인의 길도 좋고 사랑하는 사람의 길도 좋다.

언어 기억 vs 사진 기억

내가 여는 저녁 식사에 초대를 받아 우리 집에 와서 내 친구들을 소개받는다고 상상해 보라. 참고로 식사 메뉴는 아티초크와 오징어 요리다.

"이 친구는 미켈. 직업은 의사이고 비행기 조종이 취미죠."

"안녕하세요. 만나서 반갑습니다, 미켈."

"이쪽은 예스. 의류 브랜드를 운영하고 있고 제가 아는 최고의 스키어죠."

"반갑습니다. 예스."

"여긴 리세. 기자고 일주일에 며칠은 축구를 하죠."

"안녕하세요!"

"여긴 옌스예요. 변호사고 베이징에 살고 있어요."

"아, 베이징. 반가워요 옌스."

"이 친구는 이브. IT 분야에서 일하고 매주 두 번 테니스를 치죠."

"안녕하세요. 만나서 반갑습니다."

"여긴 이다예요. 홍보 일을 하고 있고 벌을 키우죠."

"오, 벌이요."

"마지막으로 이 친구는 니콜라이예요. 회계 일을 하고 있고, 페이에 섬에 과일 농장도 가지고 있죠."

자, 처음에 소개한 여성의 이름이 기억나는가? 아닐 것이다. 사람들의 이름은 좀처럼 기억나지 않겠지만, 직업이나 취미는 좀 더 쉽게 기억날 것이다. 이를 '베이커베이커Baker-baker 역설'이라고 부른다. 이름이 베이커인 사람보다 직업이 베이커, 즉 제빵사인 사람을 기억하기 더 쉬운 법이다. 직업이 베이커인 사람을 소개받으면 그 사람이 하얀색 모자를 쓰고서 밀가루를 붓고 빵을 반죽하는 모습을 쉽게 떠올릴 수 있기 때문이다.

우리는 이미 오감의 경험을 통해 베이커라는 직업을 떠올릴 수 있었다. 빵집에서 나는 냄새를 맡아 봤고, 막 구워 나온 빵도 먹어 봤다. 제빵사가 하는 일을 눈앞에 떠올릴 수 있다. 반면 베이커라는 이름은 글자의 덩어리에 불과하다. 사람의 이름은 기본적으로 무작위로 조합된 음절일 뿐이다.

아마도 그래서 이브가 IT 일을 하고 있다가 홍보 일을 한다는 사실보다는 미켈이 의사이고, 니콜라이는 과일 농장을 보유하고 있다는 사실을 더 쉽게 기억한다. 이다가 '홍보 일'을 하는 모습보다는 미켈이 수술을 하는 모습이나 니콜라이의 사과나무를 떠올리기가 더 쉽기 때문이다.

로마의 정치가이자 철학자, 연설가였던 키케로는 한때 이렇게 썼다. "시각은 가장 예민한 감각이라 귀나 다른 감각 기관을 통해 들어오는 인식은 시각 기관을 통해 머리에 전달될 때 가장 쉽게 기억된다."

2016년 여름, 발표 참석차 쿠알라룸푸르에 갔다가 덴마크 대사 부부의 저녁 식사에 초대를 받았다. 당시 기억 관련 연구를 시작한 참이었고, 그 주제로 대화를 하게 되었다. 우리는 사람의 이름을 기억하는 일이 얼마나 어려우며 시각화가 어떻게 도움이 되는지 이야기를 나눴다.

대사 부부의 성은 루게였는데, 루게는 덴마크어로 '부화한다'는 뜻이다. 마침 나에게는 대사 부부와 성이 같은 니콜라이와 아스트리라는 친구가 두 명 있었다. 그래서 머릿속으로 쉽게 이미지를 떠올렸다. 니콜라이와 아스트리가 달걀 위에 올라앉은 모습이었다. 그 이미지 덕분에 아직까지 대사 부부의 이름을 기억하고 있다. 하지만 그보다 더 최근에 들은 다른 이름들은 까먹었다. 이는 시각화가 작용하는 과정, 그리고 시각 기억이 언어 기억보다 얼마나 뛰어난지 보여주는 사소한 예시에 불과하다. 또한 캐나다 비숍스대학교의 심리학과 교수 리오넬 스탠딩이 연구 중인 주제이기도 하다.

1973년 스탠딩은 인간의 기억에 관한 다양한 실험을 실시했다. 실험 참가자들은 사진이나 단어를 주의 깊게 본 뒤 최대한 많이 기억하는 기억력 테스트를 받았다. 각 사진이나 단어는 5초 동안 단 한 번만 볼 수 있었다.

단어는 메리엄웹스터 사전에서 무작위로 추출해 35밀리미터 슬라이드에 인쇄했다. '샐러드salad', '코튼cotton', '리듀스reduce', '카모플라주camouflage', '톤ton' 같은 단어였다.

사진은 스냅 사진 1000장 중 골랐다. 대부분 해변, 야자수, 일

몰 등 휴가지 풍경이었으며, 당시 스탠딩이 근무하던 캐나다 온타리오에 있는 맥매스터대학교의 학생과 교수들이 직접 찍은 사진들이었다. 하지만 몇몇 사진은 부서진 비행기라든가 파이프를 물고 있는 개 등 더 강렬했다.

이틀 뒤 참가자들은 스냅 사진 두 장과 단어 두 개를 동시에 봤다. 전에 본 적이 있는 사진 무더기에서 뽑은 한 장과 새로운 사진 한 장이었다. 그런 뒤 어느 쪽이 더 익숙해 보이는지 답했다.

실험 결과, 사진 기억이 언어 기억보다 더 뛰어났다. 학습 세트가 위의 사전에서 뽑은 단어 1000개일 때 62퍼센트의 단어를 기억한 반면, 1000개의 스냅 사진 중에서는 77퍼센트를 기억했다. 학습 세트가 커질수록 인식률은 낮아졌다. 가령 사진의 학습 세트가 1만 장으로 늘어나면 인식률은 66퍼센트로 떨어졌다. 하지만 단어보다는 사진을 더 잘 기억했다. 그 때문에 사람의 이름보다는 얼굴을 기억하는 편이 쉬운 건지도 모른다. 쉽게 말해, 페넬로페라는 사람을 소개받으면 그 사람 옆에 연예인 페넬로페 크루즈가 서 있는 이미지를 떠올리면 이름을 기억하는 데 도움이 될 것이다.

또한 일상적인 사진보다는 더 생생한 사진을 보여주자 인식률은 1000장의 사진 당 88퍼센트로 확 뛰었다. 내 친구들이 달걀을 품는 모습 등 이미지가 특이할수록 기억하기도 쉽다. 다시 말하지만, 더 재미있거나 외설적이거나 금기가 더 많을 때 더 잘 기억한다. 그러니 다음에 페넬로페라는 사람을 만나면 꼭 옆에 페넬로페 크루즈가 서 있는 이미지를 떠올리길.

오감으로 풍경 기억하기

일기를 쓴다면 오감으로 받은 인상을 메모해 보라. 기억의 은행
에 저축을 할 때 나는 대부분 좋은 기억을 보관하려고 한다. 그래
야 나중에 행복한 기억을 인출할 가능성이 높으니까. 우리의 모
든 감각이 과거, 즉 행복했던 시간과 장소로 데려다줄 수 있으며,
그때의 감각 기관은 행복한 기억을 떠올리는 매개 역할을 할 수
있다. 그러니 일기를 쓴다면 모든 감각 기관에서 받은 인상까지
기록하는 것이 좋다.

작년에 운 좋게도 친구 존과 밀리와 며칠을 보내게 됐다. 존은
세계 행복 보고서의 편집자인데, '세계 다정 보고서'라는 게 있
다면 존과 밀리가 상위권을 차지할 것이다. 내가 아는 제일 다정
한 사람들이다. 이와 관련해 중국의 학자 공자가 남긴 말이 있다.
"흐린 잉크가 좋은 기억력보다 낫다."

캐나다 혼비섬, 2018년 6월
매일 밤 사슴이 찾아온다. 때로 집 바로 근처로 와서 현관에
있는 밀리의 꽃을 먹기도 한다. 파도가 낮고 햇빛이 좋을 때 바다
표범이 작은 암초 위에 올라가 햇볕을 쬐고, 집까지 바다표범 소

리가 들린다.

혼비섬은 브리티시컬럼비아주 서해안에 있다. 연락선 세 대가 다니고 밴쿠버에서 6시간 거리다. 가족 4대가 이곳으로 이사를 왔다. 존의 아버지가 땅을 매입했고, 지금은 존과 밀리의 자식과 손자손녀가 찾아온다. 존의 아버지는 땅의 상당 부분을 브리티시컬럼비아주에 기부해 현재는 헬리웰이라는 공원이 되었다. '가족만 소유하기엔 너무 아름다운 땅'이었기 때문이라고 한다.

해가 나오면 현관에서 글을 써도 될 정도로 날이 따뜻하다. 바다 너머 북쪽에는 눈 덮인 산봉우리가 보이고, 바람이 불면 얼굴에 시원한 바람이 와 닿는 게 느껴진다.

나는 새 책 작업을 하고 있다. 이곳은 와이파이도 없어서 유일하게 집중력을 방해하는 건 밀리가 만드는 딸기잼이나 루바브타르트 냄새뿐이다. 존도 글을 쓰는 중인데, 두 개의 손가락으로 자판을 꾹꾹 눌러서 타이핑을 한다. 탁-탁-탁.

오늘은 숲 사이를 걷고 있다. 진한 소나무 향이 나는 숲에서 매 둥지를 찾아 다녔다. 밀리는 텃밭을 가꾸고 있는데, 근래 본 텃밭 중 가장 규모가 컸다. 토마토, 아티초크, 피망, 산딸기, 사과, 배 등 텃밭에서 수많은 과일과 야채가 자라고 있다. 곳곳에 울타리를 쳐 사슴의 침입을 막아 뒀다.

저녁이면 화이트와인에 게와 아스파라거스를 먹으면서 파리, 정치, 토마토 샐러드 등 온갖 주제로 대화를 나눈다.

3장

깊게 관찰하기

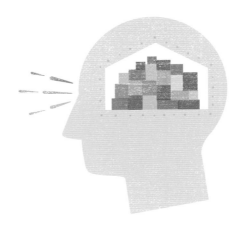

아서 코난 도일의 추리 소설 『주홍색 연구』에서 셜록 홈즈는 존 왓슨에게 인간의 뇌는 빈 다락방 같다고 이야기한다.

뇌라는 방 안에 좋아하는 가구를 둘 수도 있지만 좁은 공간이다. 그래서 어떤 기억이나 지식이 들어가면 원래 있던 정보는 방에서 나가야 한다. 홈즈가 생각하기에 자신이 추리할 때 중요시하는 정보, 예를 들면 사용하는 무기에 따라 상처가 어떤 식으로 다르게 나는지, 각종 독약은 어떻게 작용하는지 같은 정보를 기억할 공간을 만들기 위해선 지구가 태양 주변을 돈다는 사실 등의 중요하지 않은 정보는 방에서 내보내야 한다.

"그냥 보는 거지, 관찰하지 않잖아." 홈즈는 〈보헤미아 왕국의 스캔들〉에서 왓슨에게 이렇게 지적한다.

"차이는 명확해. 예를 들어, 자네는 복도에서 이 방으로 연결되는 계단을 자주 봤잖아."

"자주 봤지."

"얼마나 자주?"

"음, 수백 번."

"그렇다면 계단이 몇 개지?"

"몇 개냐고? 그거야 모르지."

"그렇다니까! 관찰한 적이 없으니까. 그냥 보기만 한 거지. 그게 내 말의 핵심이야. 나는 계단이 17개라는 걸 알아. 보는 동시에 관찰했으니까."

홈즈는 기억과 관련해 보는 것과 관찰하는 것의 차이를 강조한다. 관찰을 하려면 집중해야 한다. 우리는 많은 것을 보지만 신경써서 보지 않기 때문에 그걸 일일이 기억하지는 못한다. 어떤 사물을 유심히 보며 관찰하면 시간이 지난 뒤에도 떠올릴 수 있다. 하지만 공간이 좁다는 홈즈의 말은 틀렸다. 우리의 기억은 좁은 다락이 아니라 커다란 창고다.

다시 계산을 하기 위해 잠시 인터넷 검색을 해보자. 구글에서 '선택적 주의력 테스트'를 검색해 영상을 보라. 영상 속 하얀색 옷을 입은 선수들이 공을 총 몇 번 패스하는지 세면 된다. 1분 정도 걸리는 영상을 다 본 뒤에 다시 돌아와 이야기해 보자.

이제 질문이다. 고릴라를 봤는가? 테스트를 하지 않은 사람들을 위해 잠시 설명해 주겠다. 말했다시피 영상 속 하얀색 옷을 사람이 공을 총 몇 번 패스하는지 세 보라고 말했다. 세 명은 하얀색, 세 명은 검은색 옷을 입고 있으며, 공은 두 개다. 검은색 옷을 입은 사람들끼리 공 하나를 서로 패스하고, 하얀색 옷을 입은 사람들끼리 다른 공 하나를 서로 패스한다. 선수들은 서로의 주변에서 움직이며 여섯 명 사이에 빈 공간으로 들어가 공을 패스한다. 하얀색 팀의 공 패스 횟수를 세고 있으면 10초쯤 뒤에 고릴라 복장을 한 사람(이하 '고릴라')이 화면 오른쪽에서 걸어 들어온다. 선수들은 모두 아무 일도 일어나지 않은 것처럼 계속 공을 패스한다. 고릴라는 선수들 사이를 천천히 걸어 가운데에 멈춘 뒤 가슴을 쿵쿵 두드리며 무리 밖으로 걸어 나간다.

처음 이 영상을 봤을 때 나는 이 실험의 목적이 무엇인지 알았고, 공을 패스하는 횟수를 세던 사람들 절반 이상이 고릴라를 전혀 보지 못한다는 실험 결과를 보고 믿을 수가 없었다. 심지어 참가자들은 영상 속 고릴라 이야기를 듣고는 그렇게 말도 안 되는 일이 일어났는데 자신이 못 봤을 리가 없다고 확신했다. 그들은 이렇게 말한다. "고릴라 옷을 입은 남자가 가슴을 쾅쾅 두들기는 장면이요? 네, 확실히 봤죠." 우리는 명백한 사실뿐 아니라 우리 자신의 무지조차 잘 깨닫지 못한다.

이 영상은 1999년에 일리노이대학교와 유니언대학교의 심리학 교수인 대니얼 사이먼스와 크리스토퍼 차브리스가 만든 것이다. 사이먼스는 "우리는 눈에 잘 띄고 독특한 장면이나 사물은 보게 될 거라고 믿었는데, 그 믿음은 하나같이 틀렸어요."라고 말했다. 우리는 우리가 경험하는 세계의 작은 부분 집합에서 세세한 내용들만 기억한다. 다른 연구의 결과도 최초의 연구와 동일했다.

우리는 감각 기관에서 끊임없이 많은 신호를 받는다. 지금 나는 도쿄에서 호텔 조식을 먹는 중이다. 1시간 동안 이 페이지를 쓰는 데 집중하느라 주변에서 무슨 일이 일어나는지 전혀 눈여겨보지 않았다. 하지만 주변에 주의를 기울이자 근처 오믈렛 구역에서 오믈렛 냄새가 난다. 옆 테이블에서는 스페인 사업가 두 명이 고객에게 얼마를 청구할지 이야기하고 있다. 즐거운 음악이 흘러나오는데, 음악 소리는 젓가락을 사용하지 않는 숙박객들이 내는 식기구 소리와 뒤섞인다. 내가 앉은 자리에서 도쿄의 스카이라인이 보인다. 근처 레인보우 브리지에서 불빛이 반짝인다. 몇 시간 동안 같은 위치로 앉아 있었더니 의자 때문에 다리가 아파오기 시작한다. 시각, 후각, 청각, 느낌 등 다양한 감각이 있지만, 나의 모든 감각 기관에서 엄청난 양의 정보를 받아 처리하고 걸러내고 있다.

그 과정은 '선택적 필터링' 또는 '선택적 주의'라고 하며, 우리는 매 순간 그 과정을 거친다. 감각 기관을 통해 들어오는 정보의 일부에만 주의를 기울이고 나머지는 버린다. 셜록 홈즈가 말했듯 우리는 그저 보기만 하지 관찰하지 않는다. 행복연구소가 실시한 행복한 기억 연구에서 사람들이 떠올리는 모든 기억은 눈으로 보고 주의를 기울여 관찰한 것이다. 그래서 앞쪽에서 설명했던 '주의를 집중한 기억의 재료', 즉 경험은 100퍼센트 기억에 남는다고 한 것이다.

우리가 세상의 많은 사물과 풍경을 보지만 대부분 기억하지 못한다는 사실은 놀라울 수 있다. 복도의 계단 수나 농구 게임에서 가슴을 두들기는 고릴라뿐만 아니라 음식 맛과 계절의 느린 변화, 더운 여름날 비의 냄새 등을 우리는 기억하지 못한다.

가던 길을 멈춰 장미 향을 맡아야 한다고 말하면 상투적으로 들리겠지만, 관련 연구 결과에 따르면 우리는 우리 삶의 만족도를 높여야 한다. 럿거스대학교 심리학과 교수 낸시 패글리는 여덟 가지 감탄의 양상을 조사하는 연구를 실시했다. 여기에는 경외감, 자연이나 삶 자체와의 일체감도 포함되며, 연구 결과 250명의 참가자들에게서 그런 감정이 행복에 영향을 미친다는 사실을 확인할 수 있었다.

하지만 우리의 주의력은 일종의 화폐와 비슷하다. 유한하며, 한정된 액수만 쓸 수 있다. 그리고 우리는 늘 무언가에 주의를 기울이기 때문에 우리의 주의력은 돈이 되는 시장이다. 넷플릭스는 수면이 최대의 적이라고 공공연하게 이야기하며, 마케팅 회사는 우리의 주의를 사려고 항상 기회를 엿본다.

우리 눈을 사로잡는 광고물은 화장실 문, 에스컬레이터 손잡이, 학교 성적표 뒷면, 그리고 은행 현금 인출기 화면에까지 등장한다. 항공 회사는 비즈니스 클래스를 타지 않는 한 기내 영화에도 광고를 삽입한다. 광고 없는 제품은 이제 새로운 사치품이 되었다.

오늘의 할 일이 무엇인지 되새기다가 갑자기 휴대폰을 확인하고, 캐런의 문자에 답하고, 페이스북을 확인한다. 다시 할 일 목록을 확인하다가 휴대폰이 띠링띠링 울려 캐런에게 '월요일 좋아.'라고 답한 뒤 달력을 열어 월요일에 회의가 있다는 사실을 기억해 낸다. 할 일 목록에 '발표 준비'를 추가한다. 어쩐지 익숙한 장면이다.

우리의 주의력이 이 같은 광고들의 산만함에 공격을 받아 멀티태스킹을 할 때 어떤 일이 벌어질까? 우선 멀티태스킹 같은 건 애초에 불가능하다. 우리는 여러 가지 일을 동시에 하는 게 아니다. 여러 일 사이를 오가며 한 번에 한 가지 일에 주의를 집중하는 것뿐이다.

2018년 미국 국립과학원 회보에 발표된 메타 분석 연구는 기억과 주의력(스탠퍼드대학교 심리학과 교수이자 스탠퍼드 기억 연구소 소장 앤서니 D. 웨그너와 캘리포니아대학교 샌프란시스코 캠퍼스 신경학과 조교수 멜리나 R. 운캐이퍼가 실시한 '미디어 멀티태스커의 생각과 뇌: 현재 결과와 미래의 방향')을 포함해 멀티태스킹과 인식 사이의 상관성에 대한 10년간의 연구를 수집해 요약한 내용이었다.

이 메타 연구에 따르면, 연구 전반에서 점차 여러 과제를 동시

에 처리하는 사람들, 즉 멀티태스커들이 기억력 과제에서 점수가 현저히 낮았다. 하지만 모든 연구에서 같은 결과가 나오지는 않았다. 연구의 반 정도는 유의미한 차이를 찾지 못했지만, 나머지 절반은 심한 멀티태스커가 주의력과 기억력 부문의 수행 능력이 현저히 떨어졌다는 결과를 얻었다. 또한 멀티태스킹이 기억력에 긍정적 영향을 미친다는 결과를 얻은 연구는 단 하나도 없었다.

수렵 채집을 했던 우리의 조상들이 얼마나 자주 주의력을 빼앗겼는지 확인할 수 있는 자료는 없다. 과거에 데이터를 모으는 채집인은 많지 않았으니까. 하지만 지난 10년 사이 스마트폰이 주의력을 산만하게 하는 무기가 되었다는 사실은 틀림없다고 믿는다. 2018년 영국의 방송통신 규제 기구인 오프콤이 실시한 연구에 따르면 사람들은 깨어 있는 시간 동안 12분에 한 번씩 스마트폰을 확인한다고 한다.

그렇다면 주의 산만의 시대에 우리의 기억력 또는 적어도 주의 집중력이 떨어졌다는 주장은 일리가 있다.

기억의 감독

우리의 뇌 양쪽, 즉 양쪽 귀 5센티미터 내외에는 '해마'가 있다. 해마는 감정, 행동, 장기 기억을 관장하는 변연계의 일부다. 해마는 단기 기억에 있던 정보를 장기 기억으로 모으고 기억을 되살리는 데 중요한 역할을 한다.

우리의 장기 기억은 뇌의 한 곳이 아닌 여러 곳에 흩어져 있지만, 해마는 하나의 기억에 속하는 기억의 파편을 모은다. 해마를 비유하자면 감독과 같다. 우리가 흔히 아는, 배우와 조명, 음향, 대본 등을 활용해 그 장면을 주관하는 감독 말이다. 이 사실을 기억할 이미지가 필요하다면 감독 석에 앉은 해마를 떠올려 보자. 이 해마 감독은 뇌의 다른 부분들로부터 정보를 받는다. 우리 기억 속에 있는 촉각, 시각, 미각, 후각 정보는 무엇이었는가? 이 모든 것에 어떤 감정을 느꼈는가? 여기에서 편도체라는 것이 등장한다. 우리에게는 아몬드를 닮은 편도체가 두 개씩 있으며, 편도체를 통해 우리는 의사 결정, 반응, 감정 기억을 한다. 내가 무서웠던 건지, 화가 났던 건지. 편도체는 특정 자극이 감정적으로 어떤 의미를 지니며 우리가 어떤 감정을 느꼈는지 해마에 전달한다. 그러면 뇌의 다른 부분들이 완벽하게 협동해 기억을 재현한다. 스탠

바이, 조명, 카메라 온, 액션!

또한 우리의 과거 경험을 기억하고 미래를 상상하는 과정은 뇌의 같은 부분에서 담당한다. 뇌 주사 사진을 통해 과거와 미래를 생각할 때 뇌의 거의 같은 부분이 활성화된다는 사실을 확인할 수 있었다. 우리의 기억은 미래에 대한 우리의 기대와 꿈에도 중대한 영향을 미친다.

기억의 단서들

누구나 그런 적 있지 않은가? 컴퓨터 앞에 있다가 갑자기 벌떡 일어난 적이. 주방 식탁 위에 있는 편지를 찾아보려고 말이다.

막상 주방에 가서는 멀뚱히 서 있는다. 왜 여기 왔는지 순간적으로 기억이 나지 않아서다. 냉장고 문을 연다. 아냐, 이게 아닌데. 다시 컴퓨터 앞으로 돌아가자 그제야 기억이 난다. 맞다, 편지.

이는 흔히 일어나는 단기 기억력 감퇴다. 집중력 부족이 아니라 그저 문을 통과했다는 사실과 관련이 있는지도 모른다. 방에 들어갔는데 왜 갔는지 잊어버리는 현상을 '출입문 효과'라고 한다.

2011년, 미국 노트르담대학교 심리학자 팀은 '출입문을 통과하는 행위가 망각을 일으킨다'는 제목의 논문을 발표했다(학계에서 스포일러 경고 같은 건 없는 듯하다. 연구자 팀이라면 '식스 센스: 소년은 죽은 사람을 보고, 성인 남성은 그가 죽은 사람이라는 걸 깨닫는다'라고 이름을 바꿨을지도 모른다).

'출입문을 통과하는 행위는 머릿속에서 '사건 경계' 역할을 한다. 즉 각 행동을 분리시켜 차례로 줄 세운다.' 후속 연구자 개브리엘 라드반스키가 미국 과학 전문지 『라이브 사이언스』에서 설명했다.

즉, 출입문을 통과하는 행동이 뇌로 하여금 새로운 상황이 시작되었으며 이전 상황을 기억할 필요가 없다고 믿게 한다는 것이다. 이 연구에서 라드반스키와 동료 연구자들은 참가자들에게 비디오 게임을 하게 했는데, 게임 속에서 참가자들은 물건을 이리저리 움직여 집은 뒤 한 테이블에서 다른 테이블로 옮기는 과제를 수행했다. 참가자들이 물건을 옮길 때 물건은 참가자들의 가상 백팩 안에 있어서 본인들에게는 보이지 않았다.

참가자들은 같은 방에 있는 테이블로 물건을 옮기기도 하고, 때로는 다른 방에 있는 테이블로 옮기기도 했다. 하지만 둘 다 거리는 같았다. 다른 연구에서 참가자들은 연구실 안 실제 테이블 사이에 실제 물건을 숨기고 있었는데, 연구진은 중간중간 참가자들에게 가상 백팩이나 신발 상자에 무엇이 들어 있는지 물었다.

결론은 이렇다. 남자는 처음부터 죽어 있었고, 소년의 눈에만 남자가 보였다. 미안하다. 그러니까, 문을 통과하면 잊어버린다는 말이다. 서프라이즈!

당시 스털링대학교의 심리학과 교수였던 배들리와 고든이 공동으로 실시한 또 다른 실험에서 참가자들은 두 가지 다른 상황에서 주어진 단어를 기억해야 했다. 하나는 물속이었고, 하나는 물 밖에서였다. 참가자들은 서로 관련이 없는 38개의 단어를 기억해야 했으며, 단어는 각 4초씩 두 번씩 들려줬다. 물속에서는 통신 장비를 이용했다.

24시간 뒤 참가자들은 물속에서, 그리고 물 밖에서 단어들을

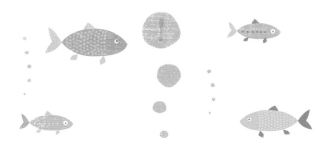

떠올렸다. 고든과 배들리는 물속에서 외운 단어는 물속에서, 물 밖에서 외운 단어는 물 밖에서 가장 잘 기억한다는 결과를 얻었다. 기억력은 학습과 기억의 장소가 같을 때 대략 50퍼센트 정도 높았다.

1957년 18명의 잠수부를 대상으로 실시한 소규모 실험이었다. 하지만 오늘날에도 우리의 기억력은 같은 환경에서 더 좋다는 사실은 변함없다. 부호화 시점, 즉 기억이 만들어질 당시의 환경이 기억 시점의 환경과 같을 때 가장 뛰어난 기억력을 보인다. 이는 경찰이 목격자를 범죄 현장으로 데려가 면담하는 이유이기도 하다. 이를 '부호화 특수성 원리'라고 하는데, 미국의 실험 심리학자 엔델 툴빙이 만든 용어다.

툴빙의 이론은 일화 기억을 검색하고 떠올릴 때 단서의 중요성을 강조한다. 우리는 연상을 통해 어떤 일을 기억한다. 그 결과, 기억을 촉발하는 적절한 단서가 부족할 때 망각이 일어날 수 있다.

　단서는 기념품이나 개인의 마음 상태일 수도 있다. 하지만 언어 역시 중요하다. 기억이 만들어질 당시 이야기한 언어로 인터뷰를 하면 기억이 더 잘 떠오른다. 한 연구에서 연구팀은 영어와 러시아어 두 개 언어를 사용하는 참가자들을 인터뷰했다. 참가자들은 러시아어 단어로 된 단서를 받았을 때 러시아어를 말하는 환경에서 일어난 일을 기억했고, 영어 단서를 받았을 때는 영어를 말하는 환경에서 일어난 일을 기억했다. 즉 행복한 기억을 오랫동안 간직하고 떠올리고 싶다면 기억이 일어난 바로 그 환경에 있는 게 얼마나 중요한지 알 수 있다. 지금껏 가장 행복했던 시기의 실제 배경이 된 장소를 다시 찾아가 보고 싶지 않은가.

집중하고 있는 대상에 집중하기

밤이나 주말 동안 디지털 디톡스를 하면 기억력이 좋아진다.

행복연구소에서 실시한 행복한 기억 연구에서 여러 설문 참가자들이 전기나 인터넷이 되지 않는 곳에서 있었던 경험을 이야기했다. 한 가족은 어느 날 밤 정전을 겪었다. 그날 밤 양초를 꺼내 와 가족이 좋아하는 일을 이야기하며 보냈다고 한다.

다음은 영국 출신 30세 여성의 행복한 기억이다.

공휴일이라 남자 친구와 긴 주말을 이용해 하이킹을 갔어요. 그런데 둘째 날 폭우를 만났어요. 방수 등산복을 입고 3시간 가량 빗속을 걸었고, 춥고 축축하게 젖은 몸으로 숙소로 돌아와 거실에서 보드게임의 일종인 스크래블을 했죠. 그곳엔 오직 우리 둘뿐이었고, 편안하고 따뜻하고 보송보송했어요. 빗속의 하이킹도 나름 즐거웠지만, 덕분에 숙소에서 보내는 시간이 더 여유롭고 편안했어요. 물론 스크래블을 좋아하지만, 집에 없기도 하고 남자 친구가 보드게임을 별로 좋아하지 않아 평소에는 하지 않거든요. 그때는 폭풍우 치는 오후에 달리 할 일이 없어서 했는데, 정말 즐거웠어요.

휴대폰이나 전기를 연결하지 않으면 주의를 집중할 수 있다. 전화기나 텔레비전이 없으면 우리 관심과 주의를 앗아갈 유혹거리도 줄어 그 순간 집중하는 대상에 온전히 신경을 집중할 수 있다. 미국의 인도적 기술 센터는 인간에게 이로운 방향으로 기술을 조정하도록 촉구하고 우리의 생각을 지키는 기술, 우리가 원하는 삶의 방향과 더 잘 맞는 디자인을 지지한다. 다음은 디지털 기기 사용을 조절하며 살 수 있는 몇 가지 방법이다.

1. 모든 알림을 끈다.

빨간 점이 관심을 끈다. 설정으로 가서 모든 알림을 차단하라.

2. 흑백 화면으로 바꾼다.

번쩍번쩍 환한 색깔. 설정으로 가서 디지털 캔디를 덜 탐스러워 보이도록 조정한다.

3. 바탕 화면을 도구 정도로 생각한다.

바탕 화면에는 지도, 카메라, 달력 같은 기본 도구만 남겨 두라. 마음을 홀리는 메뉴는 바탕 화면에서 폴더 속으로 옮겨 두라.

4. 필요한 앱은 검색해서 이용한다.

바탕 화면에 떠 있는 앱 대신 원하는 앱을 검색해보라.

5. 문자 대신 음성 메시지를 보내거나 전화를 한다.

타이핑하는 것보다 직접 말하는 편이 스트레스가 적다. 그리고 훨씬 자유로운 소통이 가능하다. 말투 역시 중요한 정보니까.

나중에 살펴보겠지만, 요즘은 기억을 담아 두기 위해 사진이라는 훌륭한 도구가 있다. 하지만 휴일에 사진을 찍는 게 편하기는 할지 몰라도, 동시에 주의를 충분히 집중하고 있지 않다는 의미일 수도 있다. 주의를 기울이지 않고 무언가를 보면 기억할 확률도 그만큼 낮아진다.

기억력 대결

"근데, 우리 무슨 이야기 중이었지?"

어느 비 오는 날 저녁, 밴쿠버에서 미국인 경제학과 교수 조지 애컬로프 맞은편에 앉아서 왜 우리는 어떤 일을 기억하는지에 대한 이야기를 듣고 있었다. 유용한 이야기가 많았다. 조지는 1940년에 태어났다. 로버트 케네디 상원의원이 총에 맞아 암살당했다는 뉴스를 들었을 때 조지는 복도에 서 있었다고 한다. 1969년 미국 버클리에서 베트남 전쟁 반대 시위를 할 당시 최루 가스를 맞은 일도 기억했다. 그리고 거기서 지금의 부인을 만났다고 했다.

두 사람은 누군가의 송별회에서 처음 만났다. 하지만 그때는 서로 대화를 나누지는 않았다. 두 번째 만났을 때 같은 테이블에 앉게 됐고 밤새 대화를 했다. 궁금해진 나는 이렇게 질문했다. "무슨 대화를 했어요?" 조지는 노벨 경제학상을 수상한 영리한 사람이니까 그가 어떻게 대답할지 잔뜩 기대하고 있었다.

"기억이 안 나요. 좋아하는 사람을 두 번째 만났을 때 할 만한 이야기였겠죠." 조지도 나의 실망감을 눈치챘을 것이다. "내가 소설가였다면 지어서라도 이야기했겠죠. 칼 오베 크네우스고르라면 말했을 거예요." 칼 오베 크네우스고르는 총 여섯 권, 도합

3600페이지에 달하는 자전적 소설 『나의 투쟁』을 쓴 노르웨이 작가다.

"아, 감자 씻는 법을 3쪽에 걸쳐 자세히 쓴 글을 읽은 기억이 나요." 내가 말했다.

"우리는 기억을 하나의 사건으로만 기억하죠. 하지만 소설가는 하나하나 상세히 기억합니다."

자신의 부인과 두 번째 만남에서 조지는 다른 무언가에 정신이 팔려있었을 것이다. 헤밍웨이는 좋은 책은 이야기를 있을 법하게 만드는 세부 내용의 정확한 묘사라고 이야기한 적이 있다.

"3층에 묵으시죠?" 내가 물었다. 조지 교수와 나는 같은 호텔에 묵었는데, 그전에 엘리베이터를 같이 탄 일이 있었다.

"아뇨, 5층입니다. 선생님은 6층이고요."

굳이 점수를 매기자면, 노벨 수상자와 나, 1:0이다. 그때부터 기억하고 싶은 행복한 순간이라고 느낄 때면 그 순간의 다양한 정보를 최대한 많이 담아 두려 노력하고 있다.

행복한 기억을 데이트 상대처럼 대해보자

집중. 최초의 영어사전을 편찬한 영국 작가 새뮤얼 존슨은 한때 이렇게 말했다. "기억의 비결은 집중이다." 누군가와 첫 데이트 자리에 나가 있다고 상상해 보라. 단순히 상대를 보기만 하는 게 아니라 관찰하고 있다. 눈 색깔, 웃음소리, 심지어 처음 인사할 때 나던 향수 냄새까지 놓치지 않는다. 흥분해서 대화를 할 때 손을 많이 사용한다는 사실도 알아챈다. 대화의 주제에 따라 목소리가 어떻게 변하는지, 음식이 특히 맛있을 때 의자에서 춤추듯 천천히 움직이는 몸처럼 사소한 행동도 눈치챈다.

즉, 옆 테이블에서 고릴라 커플이 식사를 하고 있어도 데이트 상대에게 집중한다는 말이다. 고릴라는 자기들끼리 로맨틱한 시간을 보내도록 놔두고, 행복한 이 순간을 기억하고 싶은 것이다. 그러니 추억을 쌓을 때 사소한 정보를 최대한 많이 기억하려고 해보라. 행복한 기억. 감독 석에 앉은 해마가 생각나는가? 그 장면에 들어갈 수 있는 다양한 요소에 주의를 기울여 보라. 배경 음악으로는 무슨 곡이 나오고 있는가? 소설 속에서 그 방을 묘사한다면 뭐라고 쓸 것인가. 우리는 해마에게 먹을 것을 줘야 한다.

4장

의미 있는 순간들

주의를 집중할 때 우리는 기억을 잘할 수 있다. 그리고 그 순간에 집중하고 관심을 기울이고 참여하고, 또 눈앞의 상황이나 과정이 의미가 있을 때 우리는 주의를 기울인다.

앞장에서 살펴봤듯이 무언가를 보거나 경험한다고 반드시 기억하지는 못한다. 그 일이 우리에게 중요하지 않고 의미가 없다면 주의 깊게 보고, 생각하고, 부호화하고, 저장할 가능성도 그만큼 낮다.

믿기지 않는다면 자신의 오른쪽 손바닥에 가로선이 몇 개인지 말해 보자. 손바닥은 수없이 봤겠지만 주의를 기울여 보지 않았다

면 가로선이 몇 개인지 기억나지 않을 것이다. 기억하지 못해도 괜찮다. 오른쪽 손바닥에 가로선이 몇 개 있는지는 의미 있거나 중요한 정보가 아니니까.

사실 자신을 이렇게 소개할 일도 별로 없다. "안녕하세요. 샌드라라고 해요. 제 오른쪽 손엔 가로선이 세 개가 있죠." 만약 그런 행동을 한다면 내가 즉시 전화를 할 테고 1분 동안 변명을 늘어놓아야 할 것이다.

하지만 손금 보는 데 관심이 있고, 맨 위 감정선이 길고 곡선이 지면 감정 표현에 능하다는 수상점의 이론을 믿는다면 손금 모양을 기억할지도 모른다. 손바닥의 선이 우리에게 중요하다면 주의를 기울여 기억할 것이다.

추억의 기념일

우리는 대부분 단조로운 일상에 익숙해져 있다. 일어나서 아침을 먹고 회사에 출근하고 일을 하고 퇴근하고 저녁을 먹고 넷플릭스를 보다가 잔다. 그리고 이런 일상이 반복된다.

그런 날은 잊어버리기 쉽다. 사람들이 기억하는 날은 삶의 특별한 날이다. 기념일, 의미 있는 경험을 한 순간, 사랑하는 사람, 세상, 삶 자체와 일체감을 느낀 순간들이다. 행복한 기억 연구에서 우리가 분석한 기억의 37퍼센트는 의미 있는 순간이었다. '결혼기념일', '기념일에 남편과 떠난 여행에서 해변을 산책하던 순간', '아들의 생일', '토요일 아침, 할아버지와 해변에 간 일', '딸에게 감사 편지를 받은 날', '입양한 아들과 첫 여행을 갔다가 눈 오는 겨울날 오후에 고속도로로 200킬로미터를 달려 아들과 집에 도착한 순간' 등이다. 우리가 수집한 행복한 기억은 삶의 '특별한' 순간으로 가득했다.

가장 마음을 울린 추억 중 하나는 10년도 더 전에 할머니의 추도식에 참석했던 순간을 기억한 40대 여성의 이야기였다. 그녀는 해변에서 조카와 손을 잡고 걷고 있었다. 흔치 않게 날씨가 좋은 겨울날이었다. "세상에서 가장 사랑하는 어린 조카가 옆에 있었

고, 살아 있다는 기분이 들었고, 또 할머니를 알게 돼서 굉장히 감사하다는 생각이 들었어요. 조카와 저, 그리고 세상 속으로 나아갈 그다음 세대가 할머니의 발자취를 따라가고 있었죠."

　이 의미 있는 순간은 상위 1퍼센트에 해당하는 부유층 역시 똑같이 기억하는 것이었다. 적어도 작년 덴마크에서 제일가는 부자이자 나의 좋은 동료이기도 한 미카엘 비르케르는 덴마크 고수익자 모임에 연사로 초청을 받아 참가자들을 대상으로 소규모 설문을 실시했다. 그들에게도 예외 없이 가장 행복한 순간은 사람들과 일체감을 느낀 순간, 사랑하는 사람과 함께 있고 또 그들을 이해하는 순간이었다.

일상 속 유대감

말할 필요도 없이 우리 삶에서 가장 의미 있고 오래 기억되는 순간은 다른 사람들과 유대감을 느끼는 때이다.

그런 순간이 반드시 결혼식이나 생일, 기념일을 뜻하는 것만은 아니다. 일상적으로 유대감을 느끼는 순간일 수도 있다. 다른 사람들은 눈치채지 못하거나 중요하지 않아 보이는 사소한 순간들이 오랫동안 기억에 남을 수 있으며, 그런 순간을 통해 사소한 일상이 삶의 중요한 부분이 된다.

"제 딸이 저를 올려다보며 처음으로 '너무 행복해'라고 말한 순간이요."

"오늘 아침 남편이 침대로 와서 저를 꽉 안아 옮겨 줬을 때요. 우리 집 강아지가 다가와서 우리 두 사람을 핥았죠."

"회사의 동료들이 제가 힘든 시간을 보내는 걸 알고 응원해 주려고 제 자리를 예쁘게 꾸며 줬을 때요."

이 같은 수많은 순간이 우리 일상의 이야기가 된다. 이런 순간이 관계를 완성시키는 조각들이다. 다른 사람의 행복한 기억에 관한 글을 읽거나 이야기를 들으면 행복한 기억을 만드는 데 사람이 얼마나 중요한 역할을 하는지 알 수 있다. 할아버지, 할머니,

조카, 친구, 딸, 부모님, 남자 친구, 고모와 이모, 사촌, 아들, 자매, 어머니, 할머니, 남편, 아내를 비롯한 수많은 사람들까지 우리는 사랑하는 사람들을 가장 오래, 생생하게 기억하고 그들에 대한 행복한 기억을 간직하려 애쓴다. 다른 사람과 보내는 행복한 추억의 시간이 우리에게 위안을 준다. 그래서 우리는 외로울 때 과거의 추억을 곱씹는 것이다.

앞에서 과거를 추억하면 긍정적 감정이 일고 자존감과 사랑받고 있다는 느낌이 강해지며, 반대로 외로움, 무의미함 같은 부정적 감정은 줄어든다고 이야기했다. 사우샘프턴대학교 연구팀은 참가자들에게 2004년 쓰나미 같은 슬픈 일이나 북금곰의 탄생 같은 행복한 일을 묘사하는 이야기를 읽고 부정적이거나 긍정적인 기분을 느끼게 하는 실험을 실시했다. 그 결과 긍정적 기분보다 부정적 기분이 향수를 일으키기 더 쉽다는 사실을 발견했다.

또한 연구자들은 참가자들에게 성격 테스트를 실시했는데, 테스트의 답을 보고 참가자들이 본인의 고독 지수가 높다고 믿게끔 질문지를 만들었다. 연구 결과, 부정적인 이야기를 읽거나 성격 테스트에서 자신이 외롭다고 믿게 되어 부정적 감정을 느꼈던 참가자들이 향수에 더 많이 젖는다고 밝혀졌다. 즉 사랑하는 사람에게 둘러싸여 있던 행복했던 순간을 돌아봤다. 이러한 심리 상태 조절 전략은 효과가 있었다. 이후 참가자들은 슬프고 외로운 감정이 덜해졌다고 이야기했다.

행복연구소에서 실시한 연구에서 우리는 이를 뒷받침하는 이야기를 찾았다. 20대 여성 하나는 몇 년 전에 겪은 이야기를 했다.

코코아가 든 보온병을 들고 꽁꽁 언 호숫가에 고등학교 친구들과 둘러앉아서 수다를 떨며 친구들과 의기투합해 운동화로 와인병을 땄다고 했다.

정말 즐거운 밤이었을 것 같다. 그 여성은 왜 그 순간을 기억했느냐는 다음 질문에 편안했던 순간을 자주 떠올리고 더 많은 사람과 함께 있던 순간이 그리워서라고 답했다. 행복한 기억 속에서 그녀는 혼자가 아니니까. 행복한 기억 연구에서 우리는 가슴 따뜻한 이야기와 가슴 아픈 이야기, 사랑하는 사람과 함께 있던 이야기와 사랑하는 사람을 잃은 이야기를 모두 들었다.

행복한 기억은 때로 달콤하기도, 씁쓸하기도 하다. 1942년에 나온 험프리 보가트와 잉그리드 버그만 주연의 고전 영화 〈카사블랑카〉가 완벽한 예시다. '일자와 릭은 제2차 세계대전 당시 파리에서 사랑에 빠진다. 일자는 반反나치 주동 세력이었던 남편 라즐로가 살해당했다고 믿는다. 나치가 프랑스를 침략했을 때 릭과 일자는 기차로 함께 달아날 계획을 세우고 릭은 기차에서 일자와 결혼할 생각이었지만, 일자는 기차에 함께 타지 못한다. 남편 라즐로가 아직 살아 있다는 사실을 알고는 설명도 없이 급하게 릭을 떠나기 때문이다. 두 사람의 사랑은 그렇게 끝이 난다. 후에 일자와 라즐로는 모로코에 있는 릭의 술집에 나타나고 일자는 파리에서 함께 보냈던 기억을 떠올린다.

마지막 장면에서 릭은 자신이 일자와 다시 이루어질 수 없다는 사실을 받아들인다. 세계에서는 더 중요한 일이 일어나고 있었으니까. 릭은 일자에게 이렇게 말한다. "우리에겐 영원히 기억할 파

리가 있잖아요." 두 사람의 사랑은 결코 이루어질 수 없겠지만, 파리에 대한 기억은 영원하다. 두 사람의 사랑은 애절했지만, 끝이 났다. 한마디로 향수다. 따뜻하면서도 아픈 기억이지만, 누구도 빼앗아 갈 수 없는 우리만의 기억이다.

이렇게 행복한 기억은 달콤한 동시에 씁쓸할 수 있다. 하지만 동시에 우리는 소중한 사람이고 다른 사람들과 깊은 유대감을 느끼며 의미 있는 삶을 살았다는 생각을 갖게 해 준다.

하지만 행복한 기억을 떠올릴 때 유대감은 사람에만 한정되지 않는다. 자연, 우리의 몸, 세계와 느끼는 유대감 역시 사람들의 행복한 기억에서 흔히 찾을 수 있는 부분이다.

핀란드의 호수에서 수영을 한 기억, 스코틀랜드의 설원에서 뛰어놀던 기억, 케이프타운의 테이블마운틴을 오르던 기억, 알프스에서 일몰이나 일출 또는 설경을 바라본 기억일 수도 있다. 도보여행이나 서핑, 풀밭을 맨발로 뛰어다니던 기억, 조약돌 깔린 해변에 앉아 있던 기억이나 칸첸중가산 정상에서 발아래 세상을 내려다보던 기억일 수도 있다. 뉴펀들랜드에서 아들과 스노 바이크를 타거나 친구와 펨브룩셔의 조용한 해변에 서 있던 순간일 수도 있고, 말을 타거나 개 산책을 시키거나 북극에서 흰긴수염고래를 보던 순간일 수도 있다. 다시 말해, 행복한 기억은 삶을 의미 있고 마법 같은 시간으로 만들어 준다.

20대 후반의 한 덴마크 여성은 열두 살 때 겪은 일을 이야기했다. 어느 여름날 오후, 그녀는 풀이 무성한 초원에 누워 있었다.

> 가족들과 여동생 학교의 현장 학습에 갔어요. 약간 일찍 끝나서 사람들은 모두 돌아갔죠. 동생이 제 옆에 누워 있었고, 우리는 청명하고 파란 하늘을 올려다보며 이야기를 나눴어요. 정말 행복했어요. 늦은 오후의 햇살이 주는 온기, 풀밭에 누워서 자연과 그렇게 가까이 있는 느낌, 여동생과 느끼는 유대감, 수많은 사람과 수많은 대화가 오가며 많은 일이 일어나던 방금 끝난 현장 학습과 대조적으로, 모두가 떠난 고요한 그곳에서 여동생과 저만 남아서 친밀감을 나누던 게 기억에 남아요.

성취의 순간이 찾아올 때

우리의 행복한 기억은 사랑하는 사람들로 복작대며, 우리는 주변 사람들이나 세상과 일체감을 느낄 때 의미를 경험한다. 하지만 우리의 잠재력이나 중요한 성취, 목표를 이룬 순간에도 같은 경험을 한다. 행복한 기억은 우리가 꿈꾸던 모습이 되는 순간이다.

"대단히 어려운 시험에 합격했을 때"
"2016년 10월 첫 마라톤을 완주했을 때"
"대학 합격 통지를 받았을 때"
"지난주 테니스 경기에서 포핸드를 완벽하게 해냈을 때"

사람들의 추억 이야기를 읽으면 그 속에 담긴 그들의 자부심이 느껴진다. 승리의 목소리가 들린다. 또 각자의 희망과 꿈이 읽힌다. 그들이 오른 산과 완주한 마라톤, 또 품에 안은 합격 통지서와 힘들게 따낸 중요한 계약까지 이 모든 순간이 잊지 못할 기억이며 의미 있는 일이다.

그들은 열한 살에 자기 돈으로 장난감을 샀던 순간을 기억하는 이라크 청년이다. 서른여덟의 나이에 마침내 대학 졸업장을 받았던 순간을 기억하는 여성이다. 자기 회사를 차려 전전긍긍하며 중요한 프로젝트를 위한 제안서를 넣고 그 프로젝트를 따낸 남성이다. 남자로 성전환을 하기 위해 테스토스테론 치료를 받기 시작한 순간을 기억하는 사람이며, 오토바이를 갖는 평생의 꿈을 이룬 할머니다.

모두 우리 삶의 이야기를 이루는 중요한 순간이다. 우리는 삶의 중요한 순간을 기억한다. 우리를 지금의 우리이도록 만든 순간, 우리가 꿈꾸던 모습이 되던 순간. 행복 연구자인 나는 보통 세 가지 조건이 맞아떨어질 때 사람들이 행복을 느낀다는 사실을 발견했다. 바로 내가 느끼는 내 모습, 내가 되고 싶은 내 모습, 그리고 사람들이 보는 내 모습이 그것이다. 사랑하는 사람이 나의 진짜 모습을 알고 사랑할 때, 그리고 내가 꿈꾸는 모습이 되려고 노력할 때 우리는 거기서 행복을 찾는다.

삶의 의미를 찾는 마음

행복을 어떻게 측정하나요? 좋은 삶이란 무엇인가요? 사람들에게 행복을 연구하는 일을 한다고 하면 수많은 질문이 쏟아진다.

행복에 관한 설문조사의 목적은 보통 의미나 목적의식을 찾는 것이다. 실제로 이 두 가지는 삶의 핵심적인 부분이라 영국 통계청이 매년 실시하는 행복 조사에서 네 개 질문 중 하나는 이 주제에 관한 것이다. "지금껏 살아오면서 하는 일들이 대체로 어느 정도 가치 있다고 생각하나요?" 나머지 세 개 질문은 그 전날 느낀 전반적인 삶의 만족도와 행복감, 불안감에 관한 것이다.

네 질문은 모두 연관이 있다. 각자가 느끼는 삶의 의미는 그 전날 느낀 전반적인 삶의 만족도와 행복도와 비례한다.

다른 설문조사에서도 '의미'를 깊이 파고들며, 인간관계가 힘이 되고 보람 있는지, 일상생활에 관심을 기울이고 열정적으로 임하는지, 본인에게 중요한 일을 하고 있다고 느끼는지 묻는다.

나에게 좋은 삶, 즉 충만하고 풍요로운 삶은 목적과 즐거움이 모두 있는 삶이다. 현재에 만족하고 미래에 대한 희망을 갖고 과거를 기분 좋게 돌아보는 그런 삶. 행복이라는 요리는 한 가지 재료로 완성되지 않는다.

기억은 이렇게 움직인다

기억은 정보를 부호화해 저장하고 다시 불러오는 능력이다. 기억 생성과 회상에 수반되는 과정은 부호화("얘는 내 동생, 한나야"), 저장과 강화(한나는 밥의 동생이다), 회상("안녕, 한나. 다시 만나서 반가워")이다.

우리는 감각 기관을 통해 세계를 처음 경험한다. 새로운 누군가를 만날 때 그들의 눈동자 색, 목소리, 향수 냄새, 악수의 감촉을 기억한다. 바로 잠재적 기억의 첫 단계인 부호화 단계다.

이 모든 감각 정보를 하나의 단일한 경험으로 통합하고 분석한 후 뇌는 그 정보를 장기 기억으로 넘길지 말지 판단한다. 다양한 요인이 이 과정에 영향을 미친다. 가령, 앞에서 살펴본 것처럼 주의를 기울일 때 그 경험을 기억하게 될 가능성이 높다. 그리고 다음 장에서 살펴보겠지만, 감정은 그 경험을 더 강렬하게 만들고 특정 경험에 대한 주의 집중도를 높이는 경향이 있다.

잠재적 기억은 일단 단기 기억 보관소로 들어가 단기 기억이 된다. 이를 '작업 기억'이라 부르는데, 말하자면 제한된 양의 정보를 일시적으로 저장하는 보관소다. 즉, 컴퓨터 램이라고 생각하면 된다. 감각 정보에 주의를 기울이고 필요한 시간만큼 보관해 당면

한 문제를 해결하고 감각 정보에 반응할 수 있게 해 준다. "안녕, 한나."(눈을 맞추고 웃으며 악수를 하면서-"잘했어, 대뇌")

우리는 한 번에 평균 7개가량의 정보를 20~30초까지 기억할 수 있다. 그래서 휴대폰 번호는 기억해도 본인의 신용카드 번호는 기억하지 못하는 것이다. 이는 1956년 하버드 대학교의 심리학과 교수 조지 밀러가 '마술의 숫자 7(오차 범위 2)'이라는 논문에서 처음 기록한 내용이라 가끔 '밀러의 법칙'으로 불리기도 한다.

"아, 한나의 여섯 자매를 소개해 줄게."
"좋아요."
"각자의 남편들도."
"%&$###!"

우리는 다양한 방법으로 오래 기억해야 하는 정보를 기억할 수 있다. 가령 번호를 반복해서 사용함으로써 단기 기억 시계를 계속 재설정하거나 18006169335 같은 긴 번호를 1-800-616-9335처럼 여러 단위로 나눠 기억하는 방법이 있다.

밀러에 따르면 나에게 의미가 있는 정보여야 기억의 용량도 그만큼 늘어난다고 한다. 따라서 22글자로 이루어진 CIANHSNASABBCFBISOKMTV는 기억하기 힘들다. 하지만 한나와 한나의 자매들이 각각 CIA, NHS, NASA, BBC, FBI, SOK, MTV에서 일한다는 정보는 더 기억하기 쉽다. 하지만 기억 가능한 정보의 양은 개인의 지식에 따라 달라지기도 한다. 그래서 독자 여러분이 나보다 SOK를 기억하기 더 힘들 것이다. SOK는 덴마크 해군 정보원 사령부Søværnets Operative Kommando의 약자이기 때문이다.

부호화는 보통 어떤 사건을 경험하는 동안 일어나는 과정인 반면, 강화는 보통 어떤 사건이 벌어진 후에 일어나는 과정을 뜻한다. 즉 어떤 사건을 인지한 뒤 기억해 두는 과정을 말한다.

그 정보가 중요할수록 장기 기억으로 들어갈 확률이 높아진다. 그 정보가 두 번 다시 볼 일이 없는 사람의 이름일까, 아니면 방금 소개받은 운명의 연인이 될 사람일까?("그나저나, 여긴 한나의 동료야. 오래 전부터 두 사람을 소개해 줘야겠다고 생각했어. 둘이 공통점이 무척 많거든.")

그래서 미래의 배우자를 처음 만난 순간, 결혼한 날, 두 사람에게 새로운 가족이 생긴 순간 등의 중요한 경험은 장기 기억이 될 가능성이 높으며, 이 때문에 행복한 기억 연구의 참가자들이 중요하고 의미 있는 일을 많이 기억한 것이다.

어떤 정보나 사건을 부호화해 저장했다면 다시 떠올릴 수 있다. 어떤 기억은 우리가 떠올릴 때만 기억이라고 부를 수 있다. 산타클로스와 비슷하다. 누구도 산타클로스를 생각하지 않으면 산타는 더 이상 존재하지 않을 테니까.

어떤 기억을 더 많이 생각할수록 기억될 가능성도 높아진다. 우리는 우리 자신에게 중요하고 의미 있는 경험을 더 자주 생각하는 경향이 있다. 우리의 기억은 기본적으로 뇌 속 신경세포 간의 연결이다. 그 연결을 온전히 유지하려면 주기적으로 실행하고 활성화해야 한다. 따라서 회상은 기억을 강화하는 최선의 방법이라 할 수 있다. 그런 의미에서 기억은 근육과도 비슷하다.

"잠깐만요, 아까는 기억이 산타와 비슷하다면서요? 산타와 근육, 어느 쪽인가요?" 이렇게 의문을 제기할 사람도 있을 테다. 그렇다면 근육질 산타는 어떤가? 스테로이드 주사를 맞는 산타. 내 말은, 산타가 일하는 건 일 년에 하루다. 산타는 남는 시간에 뭘 할까? 근육을 키우며 보낼 것이다. 워낙 근육질인 나머지 〈매직 마이크〉라는 영화에서 '매직 마이크' 역을 제안 받지만 계약서 조항 때문에 역할을 맡지 못했다(〈매직 마이크〉는 남성 스트립 댄서를 소재로 한 코미디 영화다 – 옮긴이). 어쨌든 근육질 산타. 그게 당신의 기억 은행 속에 들어갈 이미지다.

HAPPINESS TIP:
더 많은 성취의 순간을 만들고 축하해보자

노트, 그리고 술병을 꺼내라. 〈인디아나 존스-최후의 성전〉을 제
외하고 내가 제일 좋아하는 영화 중 하나는 〈티파니에서 아침
을〉이다. 이 영화는 트루먼 커포티의 중편 소설을 원작으로 한
영화로, 오드리 헵번이 연기한 돈 많은 남자를 유혹하는 다이아
몬드 광 홀리 고라이틀리와 조지 페파드가 연기한 부자 여성과
원조 교제를 하는 무명 작가 폴 발작의 사랑 이야기다.

어느 날 아침, 폴은 홀리에게 자기가 쓴 글이 발표됐다는 이야
기를 한다. 홀리는 축하하고 싶다며 아침을 먹기 전에 샴페인을
따자고 말한다. 아침 먹기 전에 샴페인을 마신 적이 한 번도 없다
는 폴의 말에 홀리는 그날 하루 두 사람이 평생 해본 적 없는 일
을 하면서 보내자고 제안한다. 그날 오후, 홀리와 폴은 홀리가 한
번도 가보지 못한 뉴욕 공립 도서관에 가고 폴은 자신의 책『아
홉 번의 삶』에 사인을 한다.

이 영화는 가슴 따뜻한 고전이다. 오드리 헵번이 주인공으로
나온다. 그리고 유명한 〈문 리버〉 등을 포함해 헨리 맨시니의 음
악이 배경으로 깔린다. 좋아하지 않을 도리가 있는가?

처음 그 영화를 본 이후 나는 내내 폴 발작처럼 되고 싶었다.

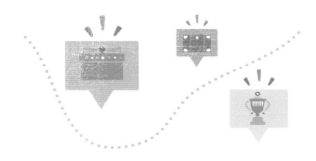

뉴욕 공립 도서관에 있는 내 책에 사인하는 게 오랜 목표였다. 그래서 작년에 5번가와 42번가가 만나는 지점에 있는 도서관에 가서 내 책을 찾아 사인을 했다. 지금도 그 영화를 볼 때면 뉴욕에서 그 멋진 날, 그리고 내 스스로 중요한 목표를 이뤄낸 그 순간으로 돌아간다.

우선 이루고 싶은 목표를 계획해 보라. 목표의 크기는 상관없다. 예를 들면 한 달 동안 매일 1만 보씩 걷는다거나 주방 인테리어 공사를 마치거나 새로운 직장을 구하는 계획도 괜찮다. 또 그 목표를 이룰 때 어떻게 축하할지도 적어 두라. 근사한 외식 아니면 집에서 제일 좋아하는 영화를 보면서 주말 보내기도 좋다.

5장

감정의 형광펜 쓰기

2017년 9월 6일, 런던의 〈디스 모닝〉이라는 프로그램의 출연자 대기실에 앉아서 나의 신간 이야기를 하려고 촬영 순서를 기다리고 있었다.

긴장되었다. 프로그램 시청자가 덴마크 인구수만큼이나 많은 데다 생방송이었기 때문이다. 일 잘하는 나의 홍보 담당자 줄리아가 지원군으로 와 있었다. 정확하진 않지만 그녀가 이렇게 부탁했던 기억이 난다. "이 기회를 망치지 마요, 마이크."

스포일러: 망쳤다.

출발은 괜찮았다. 그런데 방송이 끝날 무렵에 프로그램 진행자 중 하나인 필이 이렇게 물었다. "그전에는 『휘게 라이프』를, 이번에는 『리케』(원어 발음은 '뤼케lykke이지만, 국내에서는 '리케'로 출간되었다 – 옮긴이)를 발표하셨네요. 다음에는 어떤 책을 내실 건가요?" 필이 덴마크어 단어 휘게와 뤼케를 훌륭하게 발음해서 칭찬의 말을 건네고 싶었다. 영국에서 〈여총리 비르기트〉, 〈더 브리지〉, 〈킬링〉 같은 덴마크 드라마가 인기가 많다는 사실을 알고 있었고, 드라마가 덴마크어로 방송돼서 필의 발음이 그렇게 좋은가 싶었다. "덴마크어 발음 정말 좋으시네요. 덴마크 드라마 〈보르겐〉(〈여총리 비르기트〉의 덴마크어 제목―옮긴이)을 많이 보셨나 봅니다." 완전히 다른 단어가 들리자 필은 다른 진행자들과 함께 웃으면서 얼굴을 붉혔다. 나로선 그들이 왜 웃는지 종잡을 수가 없었다. "뭐라고 말한 거죠?" 다른 진행자인 홀리가 묻자 필은 이렇게 대답했다. "질문하기가 겁나네요." 인터뷰는 여기서 끝이 났다.

다음날 '진행자, 덴마크 게스트의 말을 오해하다'라는 제목의 기사가 났다. 나중에 들었는데, 영국 사람들은 덴마크어 '보르겐'을 '볼-겐' 두 음절로 발음하지만 덴마크인은 '보르겐' 세 음절로 발음하다 보니 필에게 내 말은 이렇게 들린 것이다. "덴마크 포르노를 많이 보셨나 봅니다." 진행자들이 내 말을 어떻게 알아들었는지 알게 된 순간 쥐구멍이라도 찾고 싶었다. 가끔 그때 일을 생각한다. 생방송 인터뷰를 할 때마다 스스로에게 이렇게 되뇐다. '실수해 봤자 포르노 이야기만 하겠어.' 우리 모두 이처럼 얼굴이 화끈거리다 못해 몇 년이 지나도 잊히지 않는 경험을 한다. 그 기억은 꼭 가장 예상치 못한 순간, 가장 원하지 않는 순간에 갑작스럽게 떠오른다.

이런 기억이 끈질기게 따라다니는 이유는 감정이 마치 형광펜처럼 작동하기 때문이다. 생방송 실수 이후 내가 느낀 민망함처럼 말이다. 두려움이나 수치심 같은 감정 반응은 투쟁 혹은 도피 반응이 시작되는 뇌의 영역이기도 한 편도체에서 이루어지며, 이 과정을 통해 자신의 감정에 영향을 준 상황의 여러 가지 면을 깨닫게 된다. 그래서 요즘은 생방송으로 진행되는 방송의 불이 켜지면 덴마크 드라마 이야기를 했던 순간을 머릿속에서 지워 버리려고 노력한다.

감정 반응은 어떤 경험과 순간을 더 오래 기억나게 해주며, 그래서 추억을 쌓는다는 건 감정의 형광펜을 사용하는 일이나 다름없다.

행복연구소에서 실시한 행복한 기억 연구에서 수집한 기억의 56퍼센트는 감정 경험으로 분류할 수 있다. 아이가 태어났던 순간, 결혼식을 올리던 순간, 첫 키스 같은.

"평생 가장 행복한 기억 중 하나는 우리 부부가 결혼했던 날입니다." 한 미국인 젊은 여성은 이렇게 썼다. "저는 대학을 막 졸업하고 우리 두 사람은 서부로 가서 꿈을 펼칠 준비를 하고 있었어요. 당시에는 가진 재산이 별로 없었고 양가 부모님도 결혼식 비용을 내줄 형편이 못 돼서 정말 소박한 결혼식을 올렸어요. 전부 합쳐서 300달러밖에 안 들었으니까요. 초반에 데이트를 했던 장소인 미술관 정원에서 결혼식을 했어요. 서약서도 직접 작성했고요. 그런데 결혼식을 하는 동안 나무에서 하얀 꽃이 떨어지기 시작하는 거예요. 정말이지 완벽한 날이었어요. 소박하면서 아름다웠죠. 화려한 결혼식보다는 정말 중요한 부분, 즉 둘이 부부가 되는 일에 집중하기로 했거든요."

이는 우리가 첫 키스를 기억하는 이유이기도 하다. 아마 다들 첫 키스를 꽤나 생생하게 기억할 것이다. 어디서 했는지, 첫 키스를 하기 직전에 뭘 했는지, 직전에 눈을 감았는지, 키스를 하게 될 거라는 사실을 알았는지, 아니면 기습적으로 당했는지. 우리의 감정이 움직인 날은 삶의 가장 행복한 순간 중 하나였을 수도 있지만, 가장 불행한 순간이었을지도 모른다. 사람들은 누구나 슬프고 고통스러운 순간을 겪으며, 어떤 순간은 본인만 겪고 또 어떤 순간은 세상 사람들 모두 겪는 경험일 수도 있다.

SNS 속 행복한 날의 기록

그렇다면 사람들은 어떤 날을 행복하다고, 또는 불행하다고 말할까? 이 질문에 답하는 한 가지 방법은 헤도노미터Hedonometer, 즉 두뇌가 느끼는 행복감과 불쾌감을 측정하는 도구를 사용하는 것이다.

이는 버몬트대학교의 수학 교수이자 컴퓨터 스토리 랩의 피터 도즈와 크리스 댄포스, 그리고 그들의 연구팀의 연구를 바탕으로 했다.

헤도노미터는 사람들이 온라인상에서 하는 말을 바탕으로 하며 트위터 기록을 활용한다. 대략 1만 단어를 대상으로 1~9 사이의 행복 점수를 매겼다. 매우 슬픈 경우는 1점, 매우 기쁜 경우는 9점을 줬다. 가령 '사랑'은 8.42점, '울었다'는 2.2점, '실망했다'는 2.26점, '나비'는 7.92점, '기억'은 7.9점이었다.

헤도노미터는 매일 5000만 개의 트위터 메시지를 견본으로 골라 각 메시지에서 사용된 언어를 토대로 그날의 행복 점수를 매겼다. 어느 정도까지는 세계(적어도 트위터 사용자)의 정서적 온도라고 이야기할 수도 있겠다. 데이터는 2009년부터 수집했다.

낮은 점수를 받은 때는 테러 공격, 유명인의 죽음이 있던 날이

2017년 12월 25일 월요일
크리스마스
평균 행복도: 6.25

2014년 5월 11일 일요일
어머니의 날
평균 행복도: 6.14

2011년 4월 29일 금요일
윌리엄 왕세손과 케이트 미들턴의 결혼식 날
평균 행복도: 6.08

2014년 6월 15일 일요일
아버지의 날
평균 행복도: 6.07

2010년 5월 24일 월요일
드라마 〈로스트〉의 최종회가 방영된 다음 날
평균 행복도: 6.03

2014년 8월 12일 화요일
배우이자 코미디언 로빈 윌리엄스가 사망한 날
평균 행복도: 6

2016년 11월 9일 수요일
도널드 트럼프가 45대 미국 대통령으로 선출된 날
평균 행복도: 5.87

었고, 높은 점수를 받은 때는 크리스마스, 추수감사절, 어머니의 날 즈음이었다. 어떤 날은 행복했고 어떤 날은 슬펐지만, 공통점은 사람들은 슬프거나 기쁜 감정을 느낀 날을 오래 기억한다는 사실이다.

재미있는 도구 같지만 개개인의 행복한 경험을 깊이 파고들기에는 한계가 있다고 본다. 어떤 일은 확실히 그랬다. 월요일은 금요일보다 행복 점수가 낮다. 하지만 '그레이비소스'(6.32)가 '샌드위치'(7.6)보다 정말 더 슬픈 단어일까? 꽤나 논란이 될 만한 과학적 관점이라고 본다. 그럼에도 헤도노미터는 사람들이 언제 가장 강렬한 기억을 만드는지 알려 주는 도구가 될 수는 있다고 생각한다.

섬광처럼 떠오르는 기억

9.11 테러를 목격한 순간 어디에 있었는지 아주 생생하게 기억할 것이다. 아니면 다이애나 왕세자비의 사망, 인류 최초의 달 착륙, 베를린 장벽 붕괴 소식을 보거나 들은 순간의 기억도 마찬가지일 것이다.

살면서 위의 순간들을 목격했다면 모두 섬광 기억이 됐을 확률이 높다. 섬광 기억은 중요한 일이 일어난 순간을 사진처럼 선명하게 기억하는 것을 의미한다. 이 용어는 하버드대학교 심리학과 교수인 로저 브라운과 제임스 쿨리크가 1977년 만든 것이다. 두 사람은 중요한 일이 일어날 때 그 순간이 생생하고 선명하게 저장되어 나중에도 쉽게 떠올리고 그 경험을 분석하고, 또한 그 경험이 위험했다면 미래에 비슷한 경험을 피할 수 있다고 믿었다.

우리는 종종 국가나 세계의 중대한 일을 섬광 기억이라고 말하지만, 미국 대학생을 대상으로 실시한 한 설문조사의 결과 섬광 기억의 약 3퍼센트만이 그런 일에 해당했다. 대부분은 개인적인 일이었다. 첫 키스, 시험, 다리 골절 같은.

행복한 일뿐만 아니라 위험하거나 고통스러운 일 역시 섬광 기억으로 저장된다. 덴마크에서 제2차 세계대전과 관련한 섬광 기억을 연구한 오르후스대학교 심리학과 교수 도르테 베른트센과 도로테 K.톰센은 1940년 나치의 덴마크 점령이라는 슬픈 소식과 1945년 5월 4일 해방이라는 기쁜 소식을 들었을 때 저장된 사람들의 기억을 조사했다. 72~89세 사이의 덴마크인 145명을 인터뷰한 결과 그들의 대답은 객관적 기록과 상반됐다. 가령, 날씨나 나치 점령이 시작된 요일 정보 등이 객관적 정보와 달랐다. 해방 소식은 저녁 8시 30분경 〈라디오 런던〉을 통해 전해졌다.

> 저는 그때 학교에서 나와서 티볼리 공원에서 친구를 만났어요. 우리는 곧 나치가 항복할 거라고 생각했고, 얼른 집에 가서 영국 라디오 방송을 들으려고 했어요. 하지만 모나스베까지 왔을 때쯤인가 바스톨름이라는 식당에서 한 남자가 나오더니 팔을 흔들면서 소리쳤어요. "애들아, 덴마크가 해방했대." 그때 일이 마치 어제처럼 생생하게 기억나요.

연구 참가자의 96퍼센트가 처음 독일 항복 소식을 접했던 순간을 기억했다. 흥미롭게도 부표본 참가자들은 본인이 나치 저항 운동에 관여했다고 이야기했으며, 그들은 저항 운동과 전혀 관계가 없는 참가자들보다 그 당시의 순간을 더 상세하고 생생하게 기억했다. 아마도 저항 운동에 참여했던 사람들은 감정을 더 많이 쏟았으며 그래서 독일이 항복한 순간을 더 오랫동안 생생하게 기억하는 게 아닐까 싶다. 이런 현상은 다른 연구에서도 입증되었다. 즉, 어떤 일과 유대가 더 밀접할수록 기억은 더 오래간다.

한 연구에서는 영국 전 총리였던 마거릿 대처의 사퇴 소식에 대한 영국인과 다른 나라 사람들의 섬광 기억을 조사했다. 대처가 자리에서 물러나고 1년 뒤, 영국인은 그 사건을 더 생생하고 정확하게 기억한 반면 영국인이 아닌 참가자들은 기억이 희미해진데다가 정보를 왜곡해 기억하는 경향이 있었다. 다이애나 왕세자비의 죽음과 관련해서도 결과는 같았다. 영국인은 다른 나라 참가자들보다 그 사건을 더 정확하게 기억했다. 또한 몇 달 간격으로 벌어진 로널드 레이건 전 대통령과 교황 요한 바오로 2세의 암살 시도가 일어난 시기를 묻자 미국인 참가자들은 레이건 대통령의 암살 시도가 더 나중에 일어났다고 기억한 반면 가톨릭 교인들은 요한 바오로 2세의 암살 시도가 더 나중이라고 기억했다(레이건 대통령의 암살 미수 사건은 1981년 3월, 요한 바오로 2세의 암살 미수 사건은 1981년 5월에 일어났다 – 옮긴이).

위의 연구에서 언급된 사건은 모두 안타까운 사건이었지만, 행복한 사건에 관해서도 같은 기제가 작동한다. 즉 본인의 결혼식이 친구의 결혼식보다 더 최근이었다고 기억한다. 섬광 기억의 생생

함과 상세함의 정도 때문에 어떤 사건이 실제보다 더 최근에 일어났다고 믿는 것이다.

그렇다면 추억을 만드는 과정에서는 여기서 어떤 교훈을 적용해 볼 수 있을까? 나치 침략 때 저항 운동에 참여해야 한다는 게 이 연구 결과의 교훈일까? 틀린 말은 아니지만 추억을 만들고 싶다면 감정의 형광펜을 사용해야 한다는 말이기도 하다. 기쁘건 슬프건 감정의 동요가 있는 날에는 사랑하는 사람 옆에서 사랑한다는 말을 해 주고 싶을 것이다. 누구나 기억하고 싶어 하는 순간이니까. 또 우리는 평소에는 무서워하던 손에 땀을 쥐는 경험을 해 볼까 고민하기도 한다. 이런 경험은 편도체를 깨우고 이 같은 경험의 감정적인 면은 그 경험을 더 오래 기억할 수 있게 한다.

HAPPINESS TIP:

평소 무서워하던 일을 해보자

안전지대에서 벗어나는 것, 바로 더 많은 추억을 만드는 첫걸음
이다.

둘이 말없이 안고 바닥을 걸어가는 동안 여자는 두 눈을 질끈
감았다. 손을 남자의 어깨 위에 올린 여자의 얼굴에는 희미한 미
소가 떠올랐다. 스무 쌍의 커플이 밴드의 음악이 흘러나오는 바
닥 한가운데 빈 공간에 둥그렇게 둘러서 있는 동안, 여자들은 모
두 같은 미소를 짓고 있었다. 카를로스 가르델의 〈포르 우나 카
베사〉라는 곡이 복도를 천천히 미끄러져 걸어가는 발소리 사이
로 들려왔다.

나는 덴마크의 시골 지역에서 자랐다. 남자들은 사냥과 낚시
를 가고, 또 그리 자주는 아니지만 춤을 추러 갔다. 내 춤은 봐주
기 힘들 정도였다. 나는 손가락을 위로 찌르는 동작과 아랫니로
윗니를 지그시 누르는 동작이야말로 춤의 정수라고 믿는 사람이
다. 그럼에도 대학 동기 여자애 하나의 꾐에 넘어가 탱고 수업을
듣게 됐다. 완전히 자리를 잘못 찾은 것이다.

탱고에는 고정된 스텝이 없다. 움직이면 그게 스텝이 된다. 계
획도 말도 없이 조용히 안고 걸으면 되는 것이다. 균형과 힘은 유

지하되 말은 하지 않으면서 어떻게 소통하는 걸까? 그렇다 보니 멈춰서 생각하고 느껴야 했다.

첫 수업에서 강사는 내 가슴과 나의 파트너 여자애 사이에 탬버린을 끼워 넣었다. 파트너의 입을 내 귀에 너무 바짝 대게 한 나머지 그녀의 숨소리까지 느낄 수 있을 정도였다. 남자들에게 팔이 아닌 가슴으로 파트너와 진행 방향을 소통하는 법을 가르치는 훈련이었다.

"더 꼭 눌러요. 안 그러면 탬버린이 떨어집니다." 강사가 내 귀에 대고 말했다. "더 세게. 맞아요, 그렇게. 멈추지 마세요. 멈추지 말라고요." 그렇게 시작한 탱고 수업은 4년이나 갔다. 그러니 안전지대를 벗어나 미래에 떠올릴 추억을 만들려는 시도를 해보라.

내가 알던 사람

웬디 미첼은 영국 요크셔 출신이다. 영국 국민 의료 보험공단에서 수십 년간 팀장으로 일했다. 웬디는 활동적인 사람이었다. 달리기 와 등산을 했다. 두 딸 새라와 젬마를 혼자 힘으로 키웠다.

2012년 9월 어느 날 아침, 웬디는 요크셔의 우즈강을 따라 달 리기를 하러 나간다. 주변을 둘러보다 심하게 넘어져 그만 피가 난다. 병원 응급실에 가서 치료를 받는다. 후에 넘어진 원인이 돌 부리인지 구멍인지 찾기 위해 그 강가를 다시 찾는다. 핏자국을 보고 그 자리를 찾아내지만 넘어진 확실한 이유는 찾지 못한다.

웬디는 달리기를 하다가 또 넘어진다. 그리고 또 넘어진다. 어 쩐지 불안했다. 정신이 평소보다 또렷하지 못하고 멍했다. 뭔가 잘못됐다는 직감이 들었다. 2014년 7월 31일, 처음 넘어지고 거 의 2년이 지나서야 웬디는 조기 알츠하이머 진단을 받는다.

오늘은 어쩐지 말하는 것보다 글 쓰는 게 수월했다. 대필 작가 의 도움을 받아 『내가 알던 사람』이라는 책을 쓰는 중이다. 매혹 적이면서도 가슴 아픈 이야기로, 기억을 잃으면 무엇을 잃게 되 는지 알려주는 책이다. 책은 치매 환자와 함께 살면서 겪는 어려 움을 소개한다. 단골 카페에서 집까지 찾아가는 일이 힘들어지고,

주방에 차를 어디에 뒀는지 찾지 못하게 된다.

하지만 책은 감동적이고 가슴 따뜻한 내용이기도 하다. 그녀가 어떻게 자기 삶의 주인이 되는지 보여준다. 웬디는 강하고 지혜로운 사람이며, 최대한 자신의 병을 이겨 내는 방법을 찾아 간다.

우선 수많은 포스트잇으로 무장한다. 알람을 설정해 정해진 시간에 약을 먹는다. 찬장에 사진을 붙여 차의 위치를 찾는다. 분홍색 자전거를 구입하는데, 분홍색을 딱히 좋아해서가 아니라 찾고 기억하기 쉬워서다. 장편소설은 도저히 읽기 힘들어서 대신 시와 단편소설을 읽는다.

하지만 가장 힘든 일은 치매가 소중한 기억을 앗아간다는 사실일 것이다. 매일 밤, 이 도둑 같은 병은 그 어떤 재산보다 소중한 것을 훔쳐간다. 웬디 역시 소중한 기억을 잃지 않으려 애썼다. 그녀는 1987년에 찍은 사진 한 장을 들여다보고 있었다. 사진 속에는 모래사장과 파란 하늘이 담겨 있었다. 여섯 살짜리와 세 살배기 두 딸이 카메라를 쳐다보며 웃고 있었다. 웬디는 하나하나 마음에 담아두려 애썼지만, 사진 속 웃고 있는 얼굴이 두 딸의 얼굴이라는 사실을 더 이상 알아볼 수 없게 될 날을 생각하자 가슴이 찢어질 듯 아팠다.

웬디는 벽에 사진을 줄지어 붙여 '기억의 방'을 만들었다. 사진 옆에는 '어디에서?', '누구?', '왜?'에 해당하는 내용을 메모해 뒀다. 한쪽 줄에는 두 딸의 사진을, 다른 줄에는 웬디가 살았던 집의 사진을, 그리고 세 번째 줄에는 호수 지방과 블랙풀 해변 등 좋아하는 풍경 사진을 붙였다.

"사진 앞 침대 가장자리에 앉아 그때 느낀 평화와 행복을 느낀다. 내 안에서 이 기억들이 사라진다 해도 여기에 이렇게 남아 있을 것이다. 행복했던 시절의 감정을 끊임없이 떠올리게 하는 사진들." 웬디는 이렇게 기록했다.

웬디는 우리의 다양한 기억 체계를 책장에 비유한다. 사실을 모아둔 책장과 감정을 모아둔 책장. 사실의 책장은 높다랗고 기우뚱하며, 가장 최근 기억이 책장 위쪽에 위치한다. 감정의 책장은 나지막하지만 튼튼하다.

"우리는 결코 감정을 잊어버리지는 않아요. 뇌의 다른 영역에서 하는 일이기 때문이죠." 웬디는 『가디언』의 도서 팟캐스트와의 인터뷰에서 이렇게 말했다. "실제 일어난 사실과 자세한 정보 같은 건 매일 휘발되죠. 가령 여기서 나눈 이야기를 내일이면 기억하지 못할 거예요. 하지만 여기서 느낀 감정은 기억할 겁니다. 감정의 책장은 중요한 기억의 정보죠. 사람들은 사랑하는 사람의 존재를 잊기 때문입니다. 하지만 누군가에게 감정적 애착을 느꼈다

는 희미한 기억만은 사라지지 않고 남아 있죠."

미국의 시인이자 가수, 인권 운동가인 마야 안젤루도 이런 말을 했다. "사람들은 우리가 한 말과 행동은 잊겠지만, 우리에게서 느낀 감정만은 영원히 잊지 않는다."

10년 뒤에도 기억될 만한 일들

무슨 일을 할지 결정할 때 10년이 지나도 가장 기억날 것 같은 일인지 생각해보자.

나는 지난 20년 동안 친구 미켈과 아버지 아르네와 요트 여행을 많이 했다. 우리는 덴마크의 섬과 스웨덴의 피오르를 돌며 항해했고, 아이리시 커피도 몇 잔 마셨다. 오랜 세월 늘 이런 식으로 바다 여행을 하다 보니 기억이 뒤섞여 그때가 그때 같았다.

그래서 올해는 조금 다른 도전을 해보기로 했다. 아드리아해에서 범선을 한 대 빌려 트로기르, 밀나, 흐바르 같은 마을에 정박했다. 좁은 골목, 탑, 아성牙城이 있는 돌로 지은 마을은 해 질 무렵이면 은은한 불빛이 흘러나왔다. 흡사 〈왕좌의 게임〉에 나오는 도시 킹스 랜딩 같은 풍경이었다. 올해는 부모님의 사위이자 내 누이의 남편인 데뉘까지 합류했다. 뛰어난 해적술을 보유한 데뉘는 선원인 우리에게 언제 칵테일이 필요한지 정확하게 알고 있었다.

어느 오후, 크로아티아 흐바르 근처에 왔을 때였다. 만에 배를 대고 점심식사와 수영을 할 생각이었다. 작고 파란 물고기 떼가 우리 배 근처로 몰려들었다. 물은 아주 맑았고, 닻을 내릴 때 저

아래 바다의 바닥까지 훤히 들여다보였다.

흐바르에서 2킬로미터가량 떨어진 이 만을 지도에서 찾으면 리우데자네이루의 예수상처럼 보인다. 그래서 우리는 자연스럽게 그 만을 '예수만'이라고 이름 붙였다.

다음 날, 흐바르성에 다녀온 이후 미켈과 데뉘가 오후에 제트 스키를 빌려 예수만으로 돌아가자고 했다. 나는 평생 제트 스키라고는 근처에 가본 적도 없었다. 속도나 기계에도 별 관심이 없었다. 그에 비해 십자말풀이와 어려운 책은 주저 없이 도전하는 편이다. 실제로 그날 오후에 배 위에서 책이나 읽으며 보낼 생각이었다.

하지만 '10년 후에 어떤 경험이 더 기억이 날 것 같은가?'라고 스스로에게 묻자 제트 스키 쪽이 더 기억이 날 것 같았다. 1시간 뒤 우리 일행은 물 위를 달려 예수만으로 돌아가고 있었다. 파도를 연이어 튕겨내며 물 위를 미끄러져 가면서 가는 길에 나오는 작은 무인도 주변을 돌았다. 잊지 못할 오후였다. "근처에 갈 때마다 네가 활짝 웃고 있더라." 미켈이 이렇게 말할 정도였다. 실제로 내 인생에서 손꼽을 정도로 즐거운 경험이었다.

그날 밤에는 럼주를 마시며 브루스 스프링스틴과 롤링 스톤스의 음악을 들었고, 내가 누구 때문에 뒤집어져 물에 빠졌는지 책임 공방을 따지느라 유쾌한 논쟁을 벌였다. 범인은 미켈이었다.

그러니 다음에 휴가를 계획할 때는 10년 후에도 기억날 만한 코스를 짜 보는 것이 어떨까. 나는 10년 뒤에 어떤 경험을 기억하게 될까?

감정의 형광펜 활용하기

최근 감정의 형광펜 효과를 활용해 학생들이 일화 기억을 통해 의미 기억을 강화할 수 있도록 교육하는 학교가 늘어나고 있다.

"여자아이 하나가 역사 시험을 치고 있었어요. 특수 교육이 필요한 학생이었고, 예전 학교에서 적응을 잘 못했죠." 90명이 재학 중인 덴마크의 기숙학교 외스트레스코우 에프테르스콜레의 교장 마스가 말했다. "로마 공화국의 원로원이 어떤 식으로 운영됐는지 설명하라는 문제가 나왔을 때 아이의 교사가 약간 걱정했던 것 같아요. 하지만 아이는 고대 로마 정부의 운용 방식과 로마 공화국과의 관계를 정확하게 적었어요. 결국 미국 평가 제도의 A−에 해당하는 성적을 받았죠."

그 학생이 시험을 끝내고 교실을 나갈 때 시험 감독관이 이렇게 물었다. "어떻게 그렇게 잘 알고 있었어?"

"어렵지 않았어요. 그곳에 있었거든요." 아이는 이렇게 답했다.

에프테르스콜레는 덴마크어로 '방과 후'라는 뜻이며, 14~18세 청소년을 대상으로 한 사립 기숙학교다. 학생들은 1~3년 동안 학교를 다니며 이곳에서 초등 교육을 마칠 수 있다. 어떤 학생은 초등 교육을 마친 뒤 고등학교에 진학하기 전 잠시 쉬는 동안 이곳

에서 1년 간 더 교육을 받기도 한다.

외스트레스코우 에프테르스콜레는 LARP, 즉 가상 역할 게임을 활용해 학생들을 가르친다는 점이 특이하다. 쉽게 말해 미국의 비디오 게임 '던전스 앤드 드래곤즈'와 내전 재현의 중간쯤이라고 보면 된다.

매주 주제가 주어지고 학생들은 각자 역할과 미션을 부여받는다. 기후 회의를 준비하고 세계의 입법자, 즉 정치인을 설득하려 애쓰는 비정부 기구NGO가 될 수도 있다. 월가의 은행가, 고대 로마의 상원 의원일 수도 있고, 브뤼셀에서 유럽의 미래를 놓고 협상하는 외무부 장관일 수도 있다.

로마 공화국 수업에서 학생들은 고대 로마의 귀족 역할을 한다. 그들의 목표는 권력자의 자리에 올라 역사에 이름을 남기는 것이다. 수학 시간에는 삼각법을 이용해 상수도 문제를 해결하고 저수지 물을 끌어올려 송수로를 통해 로마까지 보낸다.

물리 시간에는 금속에 대해 배운다. 각 금속의 특징, 원산지, 일부 금속이 로마 부대의 검과 방패를 만드는 데 더 적합한 이유 등이다. 독일어 시간에는 독일어를 할 줄 아는 노예상에게 노예를 사서 밭의 농산물을 수확한다. 이런 방법으로 유능한 일꾼을 사는 데 필요한 독일어 어휘를 배우는 동기를 부여한다. 주 후반에는 독일어 교사가 부족을 대표해 영토권을 주장하는 고트족의 군 지도자 역할을 하고, 학생들은 독일 강화講和 조건을 협상한다.

민망한 순간을 유머로 승화하는 방법

민망했던 순간의 이야기를 누군가에게 하다 보면 민망함이 사라지는 듯하다.

덴마크 외교부에 처음 출근했던 때를 아직도 생생하게 기억한다. 외교부 청사는 코펜하겐 중앙 해안가에 자리하며 덴마크의 대표적인 디자인으로 가득 장식되어 있다. 카펫이 깔린 3층 복도를 지나 사무실까지 걸어갔던 기억이 난다. 나의 새로운 동료 중 하나였던 수네를 처음 만난 기억도 떠오른다. 그곳은 아프리카 담당 부서였다.

둘이 잠깐 잡담을 나누고 있었는데, 수네가 정확하게 이렇게 이야기했던 기억이 난다. "저기, 너 뭐 밟은 것 같은데."

진짜였다. 개똥이었다. 거대한 무더기. 거대한 똥 무더기에 내 신발이 완전히 파묻혔고, 나는 새 사무실과 긴 복도에 깔린 카펫에 신발을 마구 문질렀다. 100미터 길이의 민망한 길이 생겼다. 길을 걷다가 몇 년 전 겪은 민망한 사건이 불현듯 떠오른다 해도 걱정하지 마라. 다들 그러니까.

이런 민망한 기억은 가슴을 콕콕 찌른다. 하지만 유머로 승화시킬 수 있다. 자기만의 농담으로 잘 다스리고 웃어넘길 줄만 안다면 민망한 기억은 기세를 잃는다는 사실을 깨달았다.

외교부 출근 첫날 겪은 이 이야기는 행복연구소 직원 수칙 첫 페이지에 나온다. 직원들이 출근 첫 주에 무슨 실수를 하건 내가 더 심했다는 걸 알았으면 좋겠다.

또 가끔 강단에 설 때 '덴마크 포르노' 사건을 이야기하며 강연을 시작하기도 한다. 사람들에게 영어는 내 모국어가 아니니 이해가 안 되는 말이 있으면 편하게 손을 들고 질문하라는 말을 하고 싶어서다. 누구나 민망했던 순간을 즐거운 기억으로 바꿀 수 있다. 그때 민망함은 아무렇지 않은 것이 된다.

6장

성취와 좌절의 법칙

기억할 만한 경험을 쌓는 것

한 가지 질문을 하고 싶다. 다음 휴가가 끝날 때쯤 모든 기억을 잊게 될 거라고 생각해보자.

교토의 아름다운 사찰도, 후지산 정상까지 걸어 올라갔던 기억도 모두 잊게 될 것이다. 노래방 기계를 갖춘 도쿄의 술집에서 비틀스의 〈예스터데이〉를 엉망으로 불렀던 기억까지 모조리. 기억도, 사진도 모두 사라진다고 가정해 보라.

내 질문은 다음 휴가가 끝날 때 기억을 잃는 약을 먹고 모든 기억이 사라진다면 휴가를 어떻게 보낼 것인가이다. 휴가를 가긴 가지만 휴가를 기억하지 못한다면 어떻게 할 텐가?

이 사고 실험은 우드로 윌슨 스쿨의 심리학과 사회문제학과 명예교수이며 프린스턴대학교 심리학과 명예교수이자 유진 히긴스 교수인 대니얼 카너먼이 처음 시작했다. 카너먼은 경제학자가 아님에도 불구하고 2002년 노벨 경제학상을 수상했으며, 평생을 심리학 연구에 바쳐 이룩한 탁월한 성과를 인정받아 미국심리학협회에서 공로상을 수여받았다. 또 오바마 대통령에게 대통령 훈장도 받았다. 일일이 다 기억하기는 힘드니, 그저 '행동 경제학의 비욘세' 쯤으로 기억해 두면 될 듯하다.

무엇보다 카너먼은 우리의 '경험자아'와 '기억자아'가 행복을 어떻게 다르게 인지하는지 연구했다. 경험자아는 현재 경험하는 것을 느끼는 자아로 한 번에 3초가량, 일생으로 치면 5억만 번 정도 현재의 순간을 느낀다. 기억자아는 비교적 영구적이며 최선을 다해 경험을 기록하는 자아다. 즉, 기억자아는 우리 삶의 이야기를 전하는 자아다.

다시 휴가 이야기를 해보자. 경험자아에게 휴가 둘째 주는 첫 주만큼 좋다. 따라서 2주 동안의 휴가는 1주 동안의 휴가보다 두 배만큼 좋다. 하지만 기억자아에게는 둘째 주가 첫째 주와 비슷하다면 추가 기억이 만들어지지 않으므로 더 좋을 이유도 없다. 두 기간의 이야기는 같다. 칸쿤에 갔고, 물이 따뜻했고, 마르가리타를 마셨고, 즐거웠다.

여기까지는 일종의 사고 실험이었다. 하지만 실제 실험에서도 경험자아와 기억자아는 차이가 났다.

한 연구에서 카너먼과 연구팀은 참여자들에게 한쪽 손을 14도의 물에 60초 동안 담그게 했다. 국립 찬물 안전 센터는 14도를 '아주 위험한 온도'로 간주한다(덴마크에서는 14도를 여름이라고 이야기한다. 참고로, 실험 참가자들은 캘리포니아대학교 학생들이었다. 이제 다시 연구로 돌아가 보자). 이게 첫 실험이었다. 두 번째 실험에서 참가자들은 반대쪽 손을 14도의 물에 60초 동안 담근 뒤 30초 동안 더 담그고 있는데, 물 온도를 서서히 15도로 높였다. 여전히 고통스러운 온도였지만 참가자 대부분은 훨씬 참을 만하다고 평가했다.

두 번의 실험, 즉 14도에서 60초 동안 손을 담그고 있는 실험과 14도에서 60초를 담근 뒤 15도에서 30초를 더 담그는 실험이 끝난 뒤 참가자들은 어떤 실험을 한 번 더 하겠느냐는 질문을 받았다. 상당수가 실험 시간이 더 길고 심지어 더 고통스러웠던 두 번째 실험을 선택했다. 더 강도가 센 고통을 선호한 것이다.

카너먼의 연구에 따르면 소요 시간은 경험의 회고 평가에 미미한 영향을 미친다. 그 같은 평가는 종종 절정의 순간과 마지막 순간에 느낀 고통에 좌우된다. 이를 절정-대미 효과 또는 절정-대미 규칙이라고 한다.

카너먼과 연구팀은 이 절정-대미 효과를 영상 자료를 이용해 다시 실험했다. 이때 참가자들에게 다른 사람이 느끼는 불편, 심지어 대장 내시경 검진을 받는 동안 느끼는 불편을 지켜보게 했다. 내시경 검사를 받는 환자는 무작위로 두 개의 집단으로 나누었다. 첫 번째 집단은 일반적인 내시경 검사를 받았다. 두 번째 집단도 똑같은 검사를 받았지만 내시경을 3분간 더 놔뒀다. 즉 고통스럽지는 않지만 불편한 경험을 하게 했다.

카너먼의 연구팀은 환자들에게 자신이 한 경험을 평가하게 한 뒤 더 긴 시간 동안 내시경 검사를 받은 환자들이 일반적인 검사를 받은 환자들보다 불쾌감이 낮았다는 결과를 얻었다. 또한 더 긴 시간 검사를 받은 두 번째 집단의 환자들은 다음에 또 검사를 받으러 올 확률이 높았다. 덜 고통스럽다고 느낀 만큼 검사를 더 긍정적으로 기억했기 때문이다.

카너먼의 절정-대미 규칙에 따르면 유쾌했든 불쾌했든 과거의 경험에 대한 우리의 기억은 긍정적이거나 부정적인 감정의 평균치가 아니라 경험의 절정과 종료 시점에 느낀 감정의 평균치에 해당한다.

이는 기억의 횡포라고 볼 수 있다. 기억자아의 횡포는 경험자아로 하여금 억지로 더 불쾌한 경험을 하게 만든다. 그런 의미에서 우리의 기억자아는 일종의 악당이다.

여러 연구에서 절정-대미 규칙은 입증됐다. 이 규칙은 고통뿐 아니라 물질, 즉 핼러윈 캔디에도 적용된다. 미국 다트머스대학교의 연구자 에이미 도, 알렉산더 루퍼트, 조지 월포드는 핼러윈 날 밤에 아이들이 자주 방문하는 집에서 실험을 실시했다.

핼러윈에 평균 나이가 10세인 아이들 28명이 사탕을 얻으러 그 집에 왔다. 각 아이에게 다른 종류의 사탕을 섞어서 준 뒤 그와 관련해 얼마나 행복한지 점수를 매겨달라고 했다. 행복 수치는 무표정부터 '활짝 웃는 얼굴'까지 7개의 웃는 표정으로 매겼다. 어떤 아이는 커다란 초코바를, 어떤 아이는 껌을, 어떤 아이는 초코바와 껌을 차례로 받고, 또 어떤 아이는 초코바를 두 개 받았다.

당연히 더 많은 사탕과 과자를 받은 아이가 더 행복하다고 생각하기 쉽다. 하지만 초코바와 껌을 차례로 받은 아이는 초코바 하나만 받은 아이보다 행복도가 낮았다. 초코바를 두 개 받은 아이도 하나 받은 아이보다 더 행복하지는 않았다.

비슷한 연구에서 교육학 분야의 네덜란드 연구자 다섯 명으로 구성된 연구팀은 절정-대미 규칙이 친구들의 평가에 대한 아이들의 반응에 어떤 영향을 미치는지 조사했다.

10세 가량 되는 초등학생 74명이 실험에 참여했고, 반 친구들이 본인의 행동을 평가한다는 이야기를 들었다. 가령 '마이크가 반 친구들과 얼마나 소통을 잘한다고 생각하는가?', '마이크가 규칙을 얼마나 잘 지킨다고 생각하는가?' 등의 질문에 '부족', '부족과 충분 사이', '충분', '충분과 우수 사이', '우수' 중 하나로 평가

평균 행복도

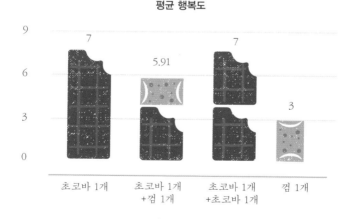

출처: 도, 루퍼트, 월포드 공저, 〈유쾌한 경험 평가: 절정-대미 규칙〉, 『심리작용학회보』, 2008.

하게 했다.

우선 참가자들은 반 친구 두 명을 평가한 뒤 자신에 대한 평가 결과를 들었다. 학생들은 반 친구들이 자신을 평가했다고 알고 있었다. 하지만 실제로 참가자들이 받은 평가는 연구진이 조작한 것이었다. 이 부분에 대해 아이의 부모들에게 실험에 대해 사전에 알리고 동의를 받았으며, 아이들은 우울증과 불안증 검사를 받았고, 암스테르담 에라스무스대학교 심리연구소 윤리위원회의 승인을 받았다. 그럼에도 나는 약간 악의적인 실험이라고 생각한다.

아이들 30명이 부정적 평가(부족) 4개가 포함된 결과(a)와 넷 중 하나의 부정적 평가와 적당히 부정적인 평가(부족과 충분 사이) 하나가 포함된 결과(b)를 얻었다.

44명의 아이들 역시 두 가지 평가를 받았는데, 부정적 평가 대신 긍정적 평가를 받았다. 4개의 긍정적 평가(c)에 이어 4개의 긍정적 평가와 적당히 긍정적인 평가가 포함된 결과(d)를 받았다.

학생들은 평가를 받았을 때 기분이 어땠는지, 0~100 사이의 척도에서 어느 수준에서 다시 평가를 받고 싶은지 질문을 받았다. 예상한 대로 학생들은 부정적 평가를 불쾌하게 받아들였고, 긍정적 평가를 대단히 기분 좋게 받아들였다.

부정적 평가를 받은 학생은 (a)보다 (b), 즉 적당히 부정적 평가로 끝나는 결과를 선호했고, 긍정적 평가를 받은 학생은 (d)보다 (c), 즉 적당히 긍정적 평가로 끝나지 않는 결과를 선호했다.

연구 결과, 학생들은 제일 긍정적인 평가로 끝나는 결과를 좋아했으며, 평가의 순서는 동기, 학습, 교우들 간 관계에 영향을 미치기도 했다.

여기서 알 수 있듯이 기억을 만드는 과정에서 절정과 결말이 중요하다는 사실을 명심해야 한다. 그리고 때로 절정에 이르기 위해 우리는 고생을 감내해야 하는데, 기억할 만한 경험을 쌓는다는 점에서는 그 고생의 시간이 그리 나쁘지 않을 수 있다.

대미를 화려하게 장식하기

가장 좋은 건 마지막 순간을 위해 아껴 두라. 다양한 연구에서 어떤 일에 대한 우리의 기억은 절정과 종료 시점의 경험에 좌우된다는 사실이 입증됐다. 그러니 크리스마스나 생일 선물을 줄 때 최고의 선물은 마지막 순간에 꺼내라. 또 기억 속 행복은 미래의 선택에 중요한 영향을 미치므로 아이들이 어떤 일을 하기를 원한다면 비장의 무기는 마지막에 꺼내라.

고생한 경험은 기억에 오래 남는다

세계 행복 보고서 작업을 위해 로마로 출장을 간 적이 있다. 학회 참석과 다른 행복 연구자들을 만나는 것 외에 로마에서 다른 볼 일도 있었다. 옛날 로마 동전을 구하는 일이었다. 그냥 오래된 로마 동전이 아니라 로마의 여신 펠리치타스가 뒷면에 새겨진 동전이었다.

펠리치타스는 평화, 번영, 막대한 부를 상징하는 여신이다. 동전에서 펠리치타스는 한 손에 음식과 풍요의 상징인 '코르누코피아'를 들고 있는데, 흔히 '풍요의 뿔'이라고 불린다. 다른 한 손에는 뱀 두 마리가 얽혀 있는 '카두케우스'라는 짧은 막대기를 들고 있다. 이는 상업과 번영의 상징인 로마의 신 메르쿠리우스를 형상화한 것으로, 그리스 신 헤르메스에 해당한다.

우리 행복연구소에서 이 책 출간 후에 개관 예정인 코펜하겐의 행복 박물관(2020년 7월에 문을 열었다 – 옮긴이)에 들어갈 작품을 모으는 참이었다. 박물관은 행복학을 다루는 전시관이 될 전망이다. 행복은 어떻게 측정할 수 있을까? 행복 해부학. 뇌의 어느 영역에 행복이 자리할까? 행복 지리책. 어떤 나라는 왜 다른 나라들보다 더 행복할까? 그리고 행복의 역사. 행복이라는 개념은 어떤 식으

로 발전해 왔을까? 고대 로마 동전 역시 박물관에 들어갈 소장품 중 하나다.

온라인에서 판매 중인 동전을 찾기는 했지만 로마에서 직접 찾고 싶었다. 그래야 더 좋은 기억으로 남을 테니까. 맞다, 간단하게 온라인 장바구니에 담는 것보다는 더 힘든 일이었다. 검색을 통해 로마의 화폐 매장 세 곳을 찾았다. 첫 번째 매장은 바티칸 근처에 묵을 호텔 바로 근처에 있었다. 7제곱미터 크기에 불과한 작은 가게라 취급하는 물건이 그리 많지 않았고, 내가 원하는 여신이 새겨진 동전도 없었다. 걸어서 로마의 중심 쇼핑가인 코르소 거리에 있는 두 번째 가게에 갔다. 가게를 찾아 한참을 헤매다가 가게가 오래 전에 문을 닫았고 그 자리에 옷가게가 들어왔다는 결론에 이르렀다. 마지막 희망인 세 번째 가게로 향했다. 스페인 광장에서 걸어서 5분 거리에 있는 작은 골목 두에 마켈리 거리의 '필라

텔리아 센트럴'이라는 가게였다. '걸어서'라고 말하긴 했지만, 저녁 무렵이라 가게가 문을 닫았을까 봐 걱정되어 달리기 시작했다. 가게를 찾았고, 가게에 있는 남자에게 내가 찾는 물건을 말했다.

"뭐가 있긴 할 거예요. 근데 찾아봐야 합니다." 남자가 말했다.

문제는 동전이 뒷면의 그림이 아니라 앞면의 황제 그림에 따라 정리되어 있다는 사실이었다. 그래서 수백 개의 동전을 뒤집어 돋보기로 뒷면을 하나하나 살펴봤다. 돋보기! 얼마나 근사한가! 나는 내가 돋보기를 잘 사용하지 않는다는 사실을 깨달았다.

45분 정도 지났을까, 어느 순간 돋보기 너머로 펠리치타스가 나타났다. 동전 앞면에는 3년간 황제를 지낸 푸블리우스 셉티미우스 게타의 얼굴이 있었다. 게타는 셉티미우스 세베루스의 둘째 아들이었다. 세베루스는 코모두스 다음 황제였고, 코모두스는 영화 〈글래디에이터〉에서 러셀 크로우가 연기한 막시무스에게 죽임을 당하는 황제다. 게타와 형 카라칼라는 둘 다 유력한 황제 후보였다. 아마도 제국에 대한 더 깊은 '간절함'이 있었기 때문이리라. 두 사람은 아버지인 셉티미우스 세베루스의 임종 자리에서 서로 화합하기로 맹세했다. 하지만 아버지가 죽은 지 몇 달 만에 두 아들은 각자 파벌을 이루고 왕권을 두고 싸웠다. 형 카라칼라는 화해를 바라는 척하며 어머니의 집에서 게타와 만나기로 하고는 매복해 있다가 동생을 살해했다. 이후 카라칼라는 게타가 역사에서 영원히 잊히도록 동생의 동상과 동전, 그림을 모두 파괴하라고 명령했다.

이 이야기를 듣자 심리학자 도러시 로가 형제 관계에 대해 지

적한 내용이 떠올랐다. 아이들은 어릴 때는 부모의 관심을 받으려고 싸우지만, 나이가 들면 함께 보낸 과거의 기억이 누가 맞는지 틀린지를 두고 다툰다. 하지만 카라칼라의 뜻대로 되지 않았다. 게타의 얼굴이 들어간 동전을 약간의 모험과 돋보기 탐색 끝에 내 손에 넣었으니까.

덕분에 기억에 남는 경험 하나가 생겼다. 행복연구소에서 진행한 행복한 기억 연구에서 사람들의 경험 중 22퍼센트는 성취와 고생의 과정이 포함되어 있다. 고생이 많은 이야기의 핵심이었다. 인디애나 존스가 우연히 성궤를 찾아냈거나 이베이에서 예수의 성배를 주문해 손에 넣었다고 상상해 보라. 어느 쪽이든 정말 형편없는 영화가 됐을 것이다. 고생의 과정을 거쳤기에 결과를 기뻐하고 축하할 수 있는 것이다. 절정은 일단 산을 올라야 닿을 수 있다.

맞다, 어떻게 보면 나도 힘들게 고대 로마 동전을 손에 넣은 셈이니 인디애나 존스의 대사를 할 자격이 있는 듯싶다. "그건 박물관으로 가져가야 해."

반면 가게 주인은 동전을 잃었다.

먼 길로 돌아가 보자

여정 자체를 경험의 일부로 만들어보자. 조급하게 눈앞의 만족감을 쫓는 시대에 경험을 더 오래 기억되도록 만드는 한 가지 방법은 도착 시간을 늦추는 것이다. 5시간 동안 걸어서 정상에 도착하는 경험이 케이블카로 15분 만에 정상에 오르는 경험보다 더 위대하다. 어떤 여행은 비행기 대신 기차를 타는 게 더 나을 수도 있다. 도착지까지 더 오래 걸리겠지만 훨씬 더 즐거운 여행이 될 수 있으니까. 기차야말로 여행의 정수다.

힘든 싸움일수록 승리는 달콤하다

나에게 축구는 잔디밭에 있는 사람들과 함께 잔디가 자라는 장면을 지켜보는 일이나 다름없다. 22명이 공을 쫓아 이리저리 뛰어다니는 경기에 왜 그리 열광하는지 좀처럼 이해할 수 없다. 종이접기에 열광하는 풍경도 마찬가지일 것이다.

매일 아침 뉴스 방송이 최근 종이접기 결과 보도로 끝난다고 생각해 보라. 중국의 종이접기 팀이 백조를 선보이며 프랑스 팀을 꺾었다. 88번의 종이접기 대결. 이후에는 최대의 라이벌인 바르셀로나 대 마드리드 경기 광고가 이어질 것이다. 지난 시즌에는 바르셀로나의 주요 선수인 다카하시가 12억 달러에 마드리드로 이적했다. 그 결과 바르셀로나의 팬클럽 '슈레더'가 광분해 마드리드 팬들을 모욕했다.

출근길에 옥외 광고판에서 종이접기 선수의 모습이 뜬다. 그들은 수백만 달러를 받고 명품 가방과 자동차, 향수를 광고한다. 캘빈 클라인의 A4 비즈니스 가방. 사무실에서 커피를 한 잔 들고 동료들에게 아침 인사를 건넨다. "어젯밤 종이접기 경기 봤어요? OWC에서 프랑스 팀이 완전 박살났던데요." OWC는 오리가미 월드컵Origami World Cup의 약자다. 4주 동안 남자들이 백조, 돌고래,

기린을 접는 경기가 연일 생방송으로 나왔다. 흥미진진하다. 여자들도 종이접기에 참가하지만, 그들의 연봉은 남자 선수들이 받는 연봉의 약 10퍼센트에 불과하다.

은퇴한 선수들은 지금은 해설자로 활동한다. "저런, 하마를 접는 것 같네요. 하마에 도전하네요. 대담하죠. 다카하시가 주로 쓰던 전략입니다. 아, 믿을 수 없네요. 종이에 베였네요! 시즌 탈락입니다. 일본 팀에는 엄청난 타격인데요."

세계 모든 국가가 OWC 경기에 참여한다. 미국은 예외인데, 미국은 다른 모양의 종이를 사용하기 때문이다. A4 용지보다 더 짧고 넓은 종이를 쓰는 까닭에 미국 팀은 다른 시합에 참가한다. 술집에서 남자들 무리 옆에 서 있으면 A4 크기의 종이와 가로 21, 세로 28센티미터의 종이 중 뭐가 나은지 격렬하게 토론하는 소리가 들릴 것이다. "A4 크기로는 제대로 된 기린을 만들 수 없다고, 이 친구야!"

그날 점심 식사 시간에 주요 화젯거리는 미국의 종이접기 챔피언이 불법 약물을 사용했다는 소식이다. 더 날렵하게 종이를 접기 위해 엄지손가락과 집게손가락에 작은 금속 조각을 주입한 것이다.

"생일 축하해." 퇴근 후에 만난 친구들이 말한다. "고마워." 받은 선물 포장지를 벗기며 대답한다. 회고록『다카하시가 풀어놓은 이야기』다.

요점인즉 나는 축구에 관심이 없다. 축구라면 어떻게든 피하고 싶었다. 사실 2018년에 내가 가장 좋아했던 연구 주제가 축구였다. 국립경제사회연구소에서 발표한 피터 돌턴과 조지 매캐런의 연구 보고서 '축구는 죽고 사는 문제인가? 아니면 그보다 더 중요한가?'다.

이 연구는 축구 경기 결과가 팬들의 행복에 어떤 영향을 미치는지 조사하며, 런던정치경제대학교에서 진행한 연구 프로젝트인 '매피니스' 앱 사용자 3만 2000명이 한 답변 300만 개에서 추출한 데이터를 사용했다. 연구 목표는 사람들의 기분이 환경에 어떤 영향을 받는지 알아보는 것이었다. 연구 참가자들은 휴대폰으로 '알림'을 받고 특정한 환경에서 행복도, 즉 얼마나 행복하고 편안하고 정신이 맑은지 등의 질문이 포함된 짧은 설문을 완성하라는 과제를 받았다. 본인이 현재 하는 활동에 관한 질문에서 참가자들은 스포츠 행사에 참석하는 등 40가지 선택지 중에서 선택할 수 있다. 스마트폰을 통해 위치 확인 데이터도 수집했는데, 이 데이터를 통해 연구진은 맨체스터 유나이티드가 홈경기를 할 때마다 구단 경기장인 올드 트래퍼드에 있다면(또 회사가 아닌 회사 밖 경기장에 있다면) 맨체스터 유나이티드 팬이며 팀의 승패가 행복도에 영향을 미친다고 추정할 수 있다. 연구진은 이 데이터와 함께, 다른 팀이 경기를 할 때의 경기 결과와 스포츠 배팅업체가 추측하는 경기 승률을 이용한 예상 결과를 더해 연구에 활용했다.

연구 결과, 경기장에 가지 않은 경우 경기 종료 1시간 뒤 팀의 승리, 무승부, 패배가 행복도에 미치는 미미한 영향은 각각 2.4점, -3.2점, -7.2점이었다. 경기장에 간 경우 승리했을 때는 행복도가 더 높아진 9.8점, 무승부였을 때는 -3점, 패배한 경우에는 더 크게 낙담해 -14점을 기록됐다.

이 결과는 손실-회피 효과, 즉 우리는 승리의 기쁨보다 패배의 절망을 더 크게 생각한다. 이 연구 결과 배팅업체의 승률을 바탕으로 패배를 예상했는데 이긴 경우 그 승리는 더 달콤하다. 마찬가지로 승리를 예상했는데 패배한 경우 팬들의 상실감이 더 크다는 말이기도 하다.

물론 일부에 한해서지만 경기 자체와 경기를 기다리는 행위 자체에서 오는 즐거움도 있다. 실제로 경기 전에 행복도가 크게 치솟는다. 하지만 전반적으로 연구는 '사람들은 팀이 승리할 때 긍정적으로 영향을 받는 것보다 패배라는 부정적인 결과에 훨씬 더 부정적 영향을 받는다'는 사실을 입증한다. 이 영향은 훨씬 더 오래 가며, 패배가 행복도에 미치는 부정적인 영향이 승리가 행복도에 미치는 긍정적 영향의 거의 4배에 이른다.

다시 말해 축구 팬은 이성적이지 않다. 행복의 관점에서 축구 팬이 되는 것은 좋은 생각이 아니다. 축구 경기 결과로 축적되는 영향은 부정적이다. 그럼에도 축구 경기는 행복한 기억의 소재가 될 수 있다. 우리의 행복한 기억 연구에 참여한 어느 미국 축구 팬의 사연이 있다. "딸이 고등학교 축구팀에서 첫 골을 넣는 모습을 지켜봤어요. 시즌 첫 경기의 첫 골이기도 했고, 동시에 딸애가 속한 고등학교 축구팀이 5년 만에 다른 팀을 상대로 넣는 골이기도 했습니다."

일주일의 행복도

그렇다면 일주일 중 어떤 요일이 행복한 기억을 만들기 가장 좋을까? 무슨 요일이 제일 행복하고 제일 불행한가? 질문은 정말 간단해 보이지만, 답은 그리 간단하지 않다.

'매피니스 스터디Mappiness Study'는 두 달 동안 2만 2000명의 데이터를 수집해 특정 요일이 행복에 미치는 영향을 살펴봤고, 월요일의 오명을 벗겼다. 흔히 생각하는 것과 달리 화요일에 행복도가 제일 낮게 나왔다. 연구진이 제기한 한 가지 이론에 따르면 월요일은 주말 효과가 아직 남아 있지만, 화요일은 그 효과가 사라지며 다음 주말까지는 아직 멀기 때문이다.

하지만 응용사회심리학 저널에 실린 시드니대학교 두 연구자의 또 다른 연구에 따르면 월요일에 행복도가 제일 낮았다. 한편 세 번째 연구에서는 요일별 차이가 없었다. 그래서 여전히 월요병 효과는 아직 확실치 않다.

하지만 주말 효과는 다양한 연구에서 발견된다. 많은 경우, 주말은 한 주의 하이라이트다. 사람들은 금, 토, 일 3일이 가장 행복하다고 답한다. 일부 연구에서는 일요일에 행복도가 낮아지는데, 주말이 끝나간다는 생각이 들기 때문이다.

사람들이 주말에 행복도가 높은 여러 이유로는 자유, 여유, 다른 사람들과 유대 등이 있다. 평일에는 우리의 통제 범위 밖에 있는 일이 더 많으며, 회의와 관리자, 마감 등 시간의 제약이 많다. 우리는 반드시 교감할 필요가 없는 사람들과 어쩔 수 없이 시간을 보낸다. 주말에는 좋아하는 활동을 하고 제일 좋아하는 사람들과 시간을 보낼 자유가 주어진다. 물론 많은 사람이 주말에도 일을 해야 하고, 일반적인 9~6시 근태 시간을 지킬 수 없는 사람들의 결과는 당연히 다를 것이다.

결론을 말하면, 평균적으로 사람들은 주말에 더 행복하다고 느낀다. 소중한 지혜를 준 빅 데이터에 감사를 전한다. 하지만 카너먼의 절정-대미 이론을 적용하면 그 결과는 우리에게 유리하게 작용할지도 모른다. 우리가 한 주의 끝을 화려하게 장식하면 그 주를 더 긍정적으로 기억할 테니까.

왜 기억은 다툼을 일으킬까

2010년, 가족용 온라인 정리 앱 '코지Cozi'는 자녀가 있는 700명의 남녀를 대상으로 다양한 집안일 분담에 관해 설문조사를 실시했다. 여기에는 식료품 쇼핑, 선물 쇼핑, 재정 관리, 일정 관리, 계획 등이 포함됐다.

근본적으로는 엄마와 아빠가 집안일을 얼마나 열심히 하는지, 아니면 적어도 스스로 얼마나 열심히 한다고 생각하는지 비교하는 조사였다.

가령 남성들은 계획과 일정 관리의 55퍼센트를 자신이 담당하고 있다고 주장했다. 하지만 여성들은 91퍼센트를 담당한다고 답했다. 두 수치를 더하면 146퍼센트다. 목록에 있는 모든 집안일의 경우에도 같은 결과가 나왔다. 여성과 남성이 답한 각 집안일의 분담률을 더하면 모두 항목이 100퍼센트를 넘었다.

어떻게 된 걸까? 사회학 연구에서는 종종 '사회적 선망 편향'을 접한다. 즉 사람들은 다른 사람들에게 긍정적으로 보이고 싶은 욕망이 있기 때문에 실제보다 더 올바른 행동을 한다고 부풀려 답한다. "자선 단체에 얼마나 자주 기부하나요?"라고 물으면 "음, 항상이요. 사실 여기 돈이 좀 있는데요. 이거 받으세요. 제발

| | | | |
	남자들이 한다고 답한 비율	여자들이 한다고 답한 비율	두 답의 합
일정 관리와 계획	55	91	146
신학기 쇼핑	57	88	145
기념일 선물 쇼핑	60	80	140
식료품 쇼핑	46	77	123
집안 수리 및 관리	79	37	116
재정 관리	70	62	132
정원 일	69	42	111
계절성 업무	65	63	128

절 좋아해 주세요."라는 답이 돌아오는 식이다. 설문조사를 온라
인에서 익명으로 진행해도 사회적 선망 효과는 마찬가지로 나타
난다. 우리는 스스로에게도 우리 자신이 얼마나 좋은 사람인지 이
야기하고 싶어 한다.

　하지만 또 다른 요인이 작용할 수도 있다. 바로 우리의 기억이
다. 식료품 쇼핑의 경우, 남녀 모두 거의 자신이 전담한다고 답했
다. 남성은 46퍼센트가, 여성은 77퍼센트가 그렇게 답변했다. 더
하면 123퍼센트다.

　그 이유는 식료품 쇼핑을 언제 했는지 기억을 묻는 편이 더 정

확할지도 모른다. 식료품 쇼핑을 할 때 나는 아티초크를 찾는 경험(세 군데 가게를 들른 뒤에야 아티초크를 찾았다), 계산대에서 줄을 잘못 서는 경험(사과 무게를 달아서 가격표를 붙이고 와야죠, 손님?), 무거운 장바구니를 들고 집에 오는 경험(대관절 왜 이렇게 무거운 물건을 한 가방에 다 담았지?)을 했다.

식료품 쇼핑을 할 때 내 경험은 이렇다. "맛있는 아티초크! 오, 좋아, 우유 샀고." 덜 생생한 기억이다. 이 연구를 처음 읽었을 때 예전 여자친구들에게 전화를 거는 기분이 들었다.

7장

망각 곡선을
이기는 이야기

"올여름, 남편과 아이들과 함께 바람 부는 차디차고 황량한 해변에 갔어요." 행복연구소에서 실시한 행복한 기억 연구에 참가한 어느 30대 미국인 여성은 이렇게 기록했다.

"우리는 불을 피워 오트밀과 오트밀 쿠키를 만들어 아침으로 먹기로 했어요. 하지만 결국 익지 않은 차디찬 오트밀과 모래 맛이 나는 고무처럼 질긴 오트밀 쿠키를 먹어야 했죠. 그렇지만 웃음이 떠나지 않는 정말 즐거운 시간이었어요." 그 일을 왜 아직까지 기억하는지 묻자 그녀는 이렇게 답했다. "비록 모든 게 엉망진창이었지만 제 인생의 가장 즐거운 순간 중 하나였고, 가족과 함께했으니까요. 전화기도 텔레비전도 없이 오로지 우리 넷만요. 커다란 담요로 몸을 감싸고 거친 파도가 부서지는 걸 보면서 불 주변에 모여 앉아 모래에 반쯤 덮인 채 끔찍한 음식을 먹었죠."

나는 이 이야기가 마음에 든다. 우리가 바보 같은 짓을 하나도 하지 않는다면, 일이 모두 계획대로 된다면 우리에겐 이렇다 할 이야깃거리가 없다. 장담하는데, 이 이야기는 이 가족들에겐 두고두고 회자될 것이다. 모두가 함께 겪은 이야기는 우리를 하나로

단단하게 이어준다. 행복한 기억 연구에서 수집한 기억의 36퍼센트는 그 기억이 일화와 이야기로 바뀌었기 때문에 참가자들의 기억 속에 남은 것이다.

또 우리의 행복은 삶의 긍정적인 이야기를 만드는 능력에 의해 좌우된다. 실패와 실수를 곱씹는지, 혹은 힘든 순간에도 희망을 갖는지 등 우리 삶의 이야기, 즉 우리가 어떻게 지금의 우리가 됐는지 이야기를 할 때 어떤 면에 집중하느냐는 자신의 자아존중감에 영향을 미친다.

일리노이주 노스웨스턴대학교 심리학과 교수인 댄 매캐덤스가 실시한 연구는 '개인적 구원의 이야기를 만드는 능력은 높은 정신 건강과 행복과 관련이 있다'라는 사실을 보여준다. 구원의 이야기는 나쁘게 시작해서 좋게 끝나는 상황, 예를 들어 차가운 오트밀을 먹는 나쁜 상황이었다가 가족이 다 함께 웃는 좋은 상황으로 끝맺음을 하는 경우다.

기억은 곱씹을수록 오래 기억되므로 근육질 산타 효과 때문에 우리가 어떤 일을 어떻게 이야기하느냐에 따라 그 일이 어떻게 기억될지 결정된다. 우리의 이야기는 세상을 이해하려는 우리 각자의 시도다. 어떤 경험을 이야기하는 것은 리허설이다. 즉 우리 뇌 속 정보들끼리 연결을 강화해 기억을 더 오래 가도록 만든다. 혹은 미국의 시인이자 정치 활동가 무리엘 루케이세르가 자신의 책 『어둠의 속도』에서 말한 것과 같다. "우주는 이야기로 이루어져 있다. 원자가 아니라."

자기만의 서사가 주는 힘

파티에 가서 누군가 재미있는 이야기를 들려주는데 그게 내 이야기일 때를 경험한 적이 있는가? 예를 들어 남동생이 유리병에 든 머스터드를 먹은 뒤 개의 불알을 잡는 이야기라든가. 그건 내 이야기인데, 내 기억인데. 그런 적이 있다면 또 다른 기억 현상을 경험한 것이다. 즉 사람들마다 누가 그 기억을 경험했는지 의견이 분분한 '논쟁 기억'이다.

2001년에 발표한 한 연구의 공동 저자인 머세이더스 신과 사이먼 켐프는 현재 다른 대학의 심리학과 교수이지만 당시에는 둘 다 뉴질랜드의 캔터베리대학교에서 학생들을 가르치고 있었고, 또 한 명의 저자 데이비드 루빈은 미국 듀크대학교 교수였는데 세 사람은 쌍둥이를 포함한 형제자매를 대상으로 세 가지 실험을 실시했다.

한 실험에서 쌍둥이인 성인 스무 쌍은 45개의 단어를 단서로 기억을 떠올려 보라는 과제를 받았다. 스무 쌍 중 14쌍은 최소 한 가지 논쟁 기억을 가지고 있었다. 같은 기억을 다르게 기억한 경우는 36건이었다. 15가지는 옛날부터 이견이 있던 기억이었지만, 21가지는 실험을 하는 동안 새로 발견한 논쟁 기억이었다.

쌍둥이들은 성별이 같았고 실험 당시 평균 나이가 27세였으며, 이견을 일으킨 기억은 쌍둥이들이 5~14세 사이에 있었던 일에 관해서였다.

가령 어느 쌍둥이는 둘 다 국제 크로스컨트리 경기에서 12위를 했다고 기억했지만, 다른 쌍둥이는 범상어를 봤던 날 아버지와 배에 타고 있던 사람이 누구였는지를 두고 언쟁을 벌였고, 또 다른 쌍둥이는 둘 다 트랙터에서 떨어져 손목을 삐었다고 기억했다.

머스터드 반 통을 먹고 개 불알을 잡은 이야기를 한 쌍둥이는 둘 다 상대방이 그랬다고 주장했다. 아무래도 개를 증인석에 올려야 할 듯싶다.

두 번째 실험에서 쌍둥이가 아닌 비슷한 나이의 형제자매 참가자들 역시 기억의 주인이 누구인지를 두고 이견이 있었지만, 쌍둥이 참가자들보다는 덜했다. 아마 쌍둥이가 기억을 공유하는 경우가 더 많아서 그런 게 아닐까 싶다. 나이가 정확히 같고 보통의 형제자매들보다 같은 경험을 공유할 일도 더 많으니까.

세 번째 실험에서 연구자들은 논쟁 기억이 비 논쟁 기억보다 더 생생하게 기억된다는 사실을 발견했다. 형상화와 감정 재현도가 더 높기 때문이다. 그 이유는 부분적으로는 이들 기억이 논쟁 기억이며 참여자들은 기억이 사실 자기의 것이라며 연구진을 설득하는 데 혈안이 되어 있기 때문이다.

하지만 애초에 같은 경험을 다르게 기억하는 이유가 뭘까? 왜 두 사람 이상이 같은 기억을 가지고 있는 걸까? 탁월한 음모론자라면 '매트릭스의 작은 결함'이라고 이야기할 수 있을지 모르겠다. 하지만 이른바 '기억-출처 문제' 때문일 수도 있다.

한 가지 예를 들어보겠다. 전에 휘게, 즉 아늑한 분위기를 만드는 덴마크 특유의 방식에 대한 책을 쓴 적이 있는데, 나는 휘게의 개념을 설명할 때 다음 이야기를 자주 예시로 든다.

크리스마스를 앞둔 12월 어느 날, 낡은 통나무집에서 친구들 몇 명과 주말을 보내고 있었다. 주변을 뒤덮은 눈이 연중 가장 짧은 낮을 밝혀 줬다. 오후 4시경 해가 졌고 17시간 동안 해를 보지 못할 터라 집 안으로 들어가 불을 피우기 시작했다. 하이킹을 하느라 다들 지쳐서 난로 주변에서 빙 둘러앉아 반쯤 졸았다. 커다란 스웨터에 양모 양말을 신은 채로. 들리는 것이라고는 스튜가 끓는 소리와 난로에서 불꽃이 이는 소리, 누군가 뱅쇼를 홀짝이는 소리뿐이었다. 그때 친구 하나가 정적을 깨고 말했다.

"이보다 더 완벽한 휘게가 있을까?"

"있지. 밖에 폭풍이 휘몰아치는 것." 이어 다른 친구가 말했다. 우리는 모두 고개를 끄덕였다.

작년에 상트페테르부르크에서 이 이야기를 했는데, 조금 뒤에 청중 중 하나가 타닥타닥 타는 불소리가 들리는 것 같다고 말했다. 때로 우리는 이야기에 생명력을 불어넣는다. 하도 생생한 나머지 이야기를 듣는 사람이 자신의 감각으로 직접 경험하게 되는 것이다. 우리는 개인적인 경험을 활용해 이 같은 경험을 한다. '휘

게' 이야기를 들을 때 자신의 경험을 통해 휘게를 이해한다. 장작이 타는 소리, 마른 장작에서 나는 연기의 냄새, 불꽃이 빨갛고 노랗게 또 파랗게 변하며 춤을 추는 모양에 대한 경험을 통해서. 또 불이 몸 앞쪽은 따뜻하게 해주지만 등은 차갑다는 사실 역시 경험해 봐서 안다.

그렇다면 다른 경험, 다른 출처에서 들은 세세한 내용을 이용해 이야기에 살을 보태라. 이야기는 더 생생해지고 개인적 경험에서 얻은 살도 더해져 본인의 이야기, 본인의 기억이라고 믿게 된다. 그 경험을 본인의 눈으로 직접 확인했다고 느끼지만, 사실 다른 사람에게 들은 이야기이며 감독 석에 앉은 해마가 창의성을 발휘한 것이다.

위대한 스토리텔러들은 이야기에 숨결을 불어넣는다. 잘 서술된 이야기는 경험이 되고, 그 이야기가 너무 생생한 나머지 눈으로 직접 목격했다고 느끼게 된다. 즉 우리는 어쩌면 사랑하는 사람이 잊어버린 기억을 그 사람이 눈치 채지 못하게 새로 만들어낼 수 있다.

자신의 이야기가 담긴 물건을 수집하기

나의 물건에 내 이야기가 담기게 하자. 집에 있는 나의 작업실을 둘러보면 그림, 사진, 물건들이 보인다. 할아버지가 자란 농장을 그린 그림도 있다. 농장에는 화장실이 밖에 있었는데, 어느 오후에 할아버지가 화장실에서 볼일을 보고 있는데 브레너 박사의 자동차 소리가 들렸다. 브레너 박사는 마을에서 제일 처음 자동차를 구입한 사람이라 엔진 소리가 들리자 할아버지는 브레너 박사의 차임을 알아차렸다. 자동차를 보고 싶은 마음에 할아버지는 화장실 벽을 기어올라 창밖을 내다봤지만 발이 미끄러지는 바람에 변소에 빠지고 말았다. 대단한 명작은 아닐지 몰라도 이 그림을 볼 때마다 호기심은 사람을 똥 위에 넘어지게도 한다는 생각이 든다.

1912~1919년에 스페인 시인 안토니오 마차도가 스페인 바에사에 있는 학교에서 교사로 일하며 다른 직원들과 함께 찍은 사진도 나에게 한 장 있다. 나의 회고 절정 시기의 일을 기억하는지 모르겠지만, 나는 바에사에서 3개월 동안 글을 쓰면서 보냈다. 그 사진은 그곳의 교사이자 나의 짧은 글을 실어 준 잡지사 편집자가 준 선물이다.

책장에는 1958년 할아버지가 아버지에게 준 카메라가 놓여 있다. 아버지는 그때 열 살쯤인가 그랬다. 그해에 니키타 흐루쇼프가 구소련의 지도자가 되었고, 미국의 아이젠하워 대통령이 미국 항공 우주국 나사NASA를 설립했으며, 엘비스 프레슬리가 생전 살았던 저택 그레이스랜드를 10만 달러에 구입했다. 셔터를 누르면 금속의 기분 좋은 찰칵 소리가 들리고, 지나온 시간과 우리가 남긴 유산인 소중한 이야기들을 돌아보게 된다.

다시 작업실을 둘러보며 단순히 그림과 물건들로 방을 채운

것이 아니라 나의 이야기로 채웠다는 사실을 깨닫곤 한다. 이야기를 담는 물건이 꼭 고가일 필요는 없다. 만약 가족에게 춥고 바람 부는 해변에서 덜 익은 오트밀을 먹은 구원의 이야기가 있다면 해변에서 주운 돌만 보고도 아이들은 가족을 더 단단하게 묶어 준 즐거웠던 경험을 생각할지 모른다. 물론 뭐든 적당해야 한다. 앤디 워홀처럼 무언가를 광적으로 수집할 필요까지는 없다.

우리 안의 만델라 효과

덴마크에서 가장 유명한 텔레비전 드라마 중 하나인 〈마타도르〉는 대공황 시대와 나치 점령 당시 덴마크 소도시의 삶을 다룬다.

어느 편에서 등장인물 중 하나인 걱정 많은 노처녀 미세가 교사인 안데르센과 결혼을 한다. 하지만 결혼식 날 밤에 안데르센은 미세의 표현에 따르면 '야수'로 돌변하더니 첫날밤을 치르자고 한다. 미세는 발코니에 안데르센을 가둔 채 문을 닫아 버리고 안데르센은 밤새 추위 속에 서서 소리를 지른다.

많은 덴마크인이 이 장면을 두고 파자마를 입은 안데르센이 미세에게 소리를 지르며 문을 쾅쾅 두드렸다고 묘사할 것이다. 유일한 문제는 그 장면을 촬영하지도 방영하지도 않았다는 사실이다. 하지만 많은 덴마크인이 그 장면을 봤다고 믿는다. 사실 사람들은 상상력으로 이 장면을 만든 후 머릿속에 그렇게 기억한 것이다.

이를 '만델라 효과'라고 하는데, 많은 사람이 어떤 일에 대한 거짓 기억을 공유하는 현상을 말한다. 만델라 효과라는 이름은 많은 사람이 넬슨 만델라가 1980년대에 사망했으며 당시 텔레비전에서 그의 죽음과 장례식을 봤다고 기억하는 현상에서 나온 말이다. 하지만 사실 만델라는 석방되어 대통령이 되었으며 2013년에 사망했다.

만델라 효과의 폐해도 있다. 스타워즈 2편 〈제국의 역습〉의 대
표적인 장면인 루크와 다스 베이더의 전투 장면을 기억하는가?

"네가 다크 사이드의 힘만 알고 있었더라도. 오비완이 네 아버
지에게 무슨 일이 일어났는지 이야기해 준 적이 없는 모양이군."
다스 베이더가 이렇게 말하자 루크가 대답한다. "충분히 말해 줬
어! 네가 우리 아버지를 죽였다고!"

여기서 질문. 이 말에 베이더가 뭐라고 말했을까? 많은 사람이
"루크, 내가 네 아버지야."라고 말했다고 답할 것이다. 하지만 잘
못된 기억이다. 대사는 사실 이랬다. "아니야, 내가 네 아버지야."

아, 내가 앞서 〈카사블랑카〉를 언급했으므로 이 이야기도 해야
겠다. 험프리 보가트가 연기한 릭은 사람들이 흔히 기억하는 것처
럼 "다시 연주해 줘요, 샘Play it again, Sam."이 아니라 당황하고 화난
말투로 "연주해요!Play it!"라고 말한다.

우리는 종종 어떤 사실을 잘못 기억한다. 어떨 땐 세상을 바꾼
사건까지도.

대표적인 경우가 2001년 9월 11일 항공기가 세계무역센터로
돌진하는 장면을 목격했다는 조지 W. 부시 대통령의 기억이다.
테러가 일어나고 몇 개월 뒤 9.11테러 소식을 처음 들었을 때 어
떤 기분이 들었느냐고 묻자 부시 전 대통령은 이렇게 답했다.

그때 저는 플로리다에 있었어요. 제 참모 앤디 카드랑 같이요.
사실 독서 프로그램에 대해 이야기 중인 교실에 있었어요. 교

실 밖에서 제 차례를 기다리는데 항공기가 건물과 충돌하는 장면을 봤죠. 텔레비전이 켜져 있었고 저도 예전에 항공기 운전을 해본 터라 이렇게 말했습니다. "형편없는 조종사군. 큰 사고겠는데." 하지만 급하게 자리를 떠났죠. 생각할 시간이 많지 않았고, 교실에 앉아 있는데 앤디 카드가 걸어오더니 이렇게 말했습니다. "두 번째 항공기가 무역 센터에 충돌했습니다. 미국이 테러 공격을 당했습니다."

사실 그날 아침 첫 항공기가 건물과 충돌하는 영상은 나오지 않았다. 부시는 자신이 기억하는 장면을 사실은 보지 못한 것이다. 하지만 우리의 기억자아는 경험자아의 이야기를 엿듣고 이야기를 기억으로 전환한다.

행복의 근육 기르기

마지막으로 본 TV 프로그램이 무엇이었는가? 나는 〈바빌론 베를린〉이라는 독일 범죄 시대물 드라마를 봤다. 바이마르 공화국 시대인 1929년 베를린을 배경으로 한 흥미진진한 드라마다. 대답하기가 비교적 쉬웠던 이유는 바로 어젯밤에 봤기 때문이다. 두 달 전이나 1년 전에 봤던 프로그램을 물었더라면 답을 찾기가 더 어렵거나 잘못된 답을 했을 것이다.

우리는 최근에 일어난 일을 더 잘 기억한다. 이 현상을 처음 발견한 사람 중 한 명은 독일 심리학자 헤르만 에빙하우스였다. 당연했다. 딱 맥주가 연상되는 헤르만 에빙하우스라는 이름을 가졌는데, 어떻게 아닐 수 있겠는가? 그는 독일인 심리학자임이 틀림없다.

에빙하우스는 직접 실험 대상을 자처해 간단한 실험을 한 결과 망각 곡선을 발견했다. 그는 의미도 상관관계도 없는 자음-모음-자음으로 이루어진 아무 뜻이 없는 음절을 본인이 얼마나 기억하는지 실험했다. 가령 WID나 ZOF는 여기에 해당하지만, 실제 단어인 DOT와 'ball'과 비슷하게 들리는 'BOL'은 해당하지 않는다.

에빙하우스가 훌륭한 경영 컨설턴트가 될 수도 있었겠다는 생각이 든다. "Q4의 B2B 포트폴리오 KPI가 하락했어요. SEO가 틀림없어요. CR이 하락했고 CPC는 30퍼센트 증가했기 때문이죠."

에빙하우스는 이들 음절에 대한 자신의 기억력을 다양한 주기로 반복해서 테스트하고 그 결과를 기록했다. 당시는 1880년대였기 때문에 오락거리가 그리 많지 않았다.

에빙하우스는 기억의 작동 과정을 이해하기 위해 실제 실험을 실시한 최초의 과학자 중 하나였다. 에빙하우스 이전에 기억 연구는 철학자가 실시한 연구이거나 추측 또는 관찰 묘사가 대부분이었다. 에빙하우스는 본인의 음절 기억력 실험 결과를 그래프로 그려 지금의 '망각 곡선'을 만들어 낸다. 이 곡선은 시간에 따른 기

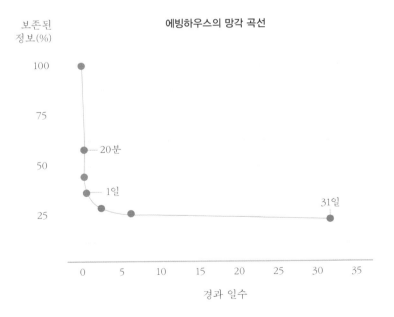

보존된
정보(%)

에빙하우스의 망각 곡선

경과 일수

억 보존율의 감소세를 보여준다.

정보를 보존하려는 노력이 없을 때 시간의 경과에 따라 정보가 어떻게 망각되는지 확인할 수 있다. 20분 후에 정보의 약 40퍼센트를 망각하고, 하루 뒤에는 정보의 70퍼센트를 망각한다.

망각 곡선을 앞질러라

행복한 일화를 반복해서 이야기하면 사랑하는 사람들이 행복한 기억을 더 오래 기억할 수 있다.

에빙하우스는 또 한 가지를 발견했다. 습득한 정보를 일정한 간격으로 되풀이하면 망각 곡선의 기울기를 바꿀 수 있다는 사실이다. 단순히 되풀이하는 게 아니라 일정한 간격을 두고 되풀이하는 게 중요하다. 만약 기억하고 싶은 어떤 일을 한 시간에 스무 번 반복하고 복습하면 효과가 없다. 그 사실이 이미 생각의 앞쪽에 있다면 그 사실을 떠올리게 하는 어떤 작업도 이루어지지 않은 것이다. 뇌를 운동시켜야 한다. 그 정보를 일정한 간격을 두고 검색하면 뇌는 그 기억을 재구성하게 되고, 그 과정에서 근육이 쓸수록 강화되는 것처럼 기억도 강화된다. 오늘날 이 원리는 '간격을 둔 반복'이라 부른다. 우리가 기억하고자 하는 내용을 점차 더 큰 시간 간격을 두고 반복하고 복습한다는 원리다.

부모라면 자녀가 행복한 기억을 오래 기억하길 바랄 것이다. 그러니 본인은 물론 자녀가 행복한 시간을 오래 기억하기를 바란다면 그날 밤, 그리고 다음 날, 일주일 뒤, 한 달 뒤, 세 달 뒤, 1년 뒤에 그 경험을 반복해서 이야기하라.

유년시절 첫 기억

아주 어릴 때 경험 중 기억나는 순간이 있는가? 지난 몇 년 동안 많은 사람에게 이 질문을 했다. 이름을 밝힐 수 없는 내 친구처럼 강아지가 생겨 강아지의 기저귀를 갈아준 일을 포함해 다양한 답이 나왔다. 내가 기억하는 가장 어릴 때 기억은 네 살이다. "몇 살이야?" 할아버지의 질문에 두 다리를 포개 숫자 4를 만들려고 했던 기억이 난다. 과연 강아지와 기저귀에 비하자면 나의 어린 시절 기억은 다소 따분하다. 유년기 기억에 관한 여러 연구는 결론도 제각기 다르지만, 기억 연구 분야에서 몇 가지 일치하는 점도 있는 듯하다. 평균적으로 사람들이 기억하는 유년기는 세 살 반부터라는 점이다.

그렇다고 우리가 더 어릴 때의 일을 기억하지 못한다는 이야기는 아니다. 심리학자 캐서린 넬슨은 1980년대에 과학자 중 최초로 유년기의 일화 기억을 연구했다. 넬슨은 비밀 녹음기를 이용해 아이들이 잠들기 직전 하는 혼잣말을 기록했다. 말하자면 유아용 침대에서 하는 이야기였다. 당시 21개월이었던 여자아이 에밀리는 그날 있었던 이야기를 혼잣말로 했다. 차가 고장 나서 초록색차를 타야 했던 일이었다. 명백히 일화 기억이다.

어떤 사람들은 태어나던 순간의 경험을 기억한다고 말하지만, 그 기억이 실제라는 증거가 거의 없다. 지그문트 프로이트는 아주 어린 시절의 일화 기억을 떠올리지 못하는 아동기 기억 상실 또는 유아 기억 상실이라는 개념을 소개했다. 최근에는 더 많은 연구를 통해 어떤 유년기 기억이 기억되는지 밝혀졌다.

2014년 영국의 세 심리학자 웰스, 모리슨, 콘웨이는 『실험심리학』 계간지에 발표한 연구에서 성인이 되어 유년 시절의 어떤 기억을 떠올리는지 조사했다. 124명이 이 실험에 참여해 어린 시절 기억 중 긍정적인 기억과 부정적인 기억 두 가지를 쓰라는 과제를 받았다. 총 496개의 기억이었다. 참가자들은 다양한 기억에 관련해 9개의 질문을 받았다. 그 자리에 누가 있었는지, 어디서 일어났는지, 날씨는 어땠는지, 어떤 옷을 입고 있었는지 등의 질문이었다. 추측해서 적지 말고 자세한 내용을 기억할 때만 답변하라는 지시를 받았다.

사람들은 부정적인 기억보다는 긍정적인 기억을 더 상세하게 기억했다. 9개의 상세 정보 중 부정적 기억의 경우 4.56개를, 긍정적 기억의 경우 4.84개를 기억했다. 사람들의 85퍼센트가 기억이 일어난 장소를 떠올렸고 절반이 당시 나이를 기억했지만, 무슨 옷을 입고 있었는지 기억하는 사람은 10퍼센트에 불과했다.

긍정적 기억의 18퍼센트는 자전거를 배운 일 등 성취에 관한 기억이었고, 13퍼센트는 생일과 크리스마스 선물을 받은 기억이었으며, 10퍼센트는 여행과 휴가에 대한 기억이었다.

부정적 기억은 주로 아팠던 일이었다. 다리가 부러지거나(25퍼센트), 위협이나 괴롭힘을 당하거나(14퍼센트), 가족이나 반려동물의 죽음(11퍼센트) 등이었다.

　유년기 기억에 대한 연구에서 알 수 있는 사실은 우리의 기억이 우리의 언어 능력과 연결되어 있음을 보여준다는 점이다. 즉 우리의 기억은 삶에 대한 이야기를 할 수 있는 시기부터 머리에 남기 시작한다. 따라서 어떤 이야기를 할지, 어떤 활동이 자녀에게 유쾌한 어린 시절의 기억을 남길지 선택함으로써 추억을 만들어갈 수 있다.

　아이들은 어린 시절 행복했던 기억을 잊을 수도 있다. 그렇다면 그게 아이의 기억이라 할지라도 부모가 한동안 간직하고 있다가 아이가 충분히 컸을 때 다시 들려줌으로써 그 기억을 계속 간직하도록 도와줄 수 있다.

좋은 기억은 9개의 세부 내용 중 평균 4.84개를 기억한 반면

나쁜 기억은 4.56개를 기억했다.

기억을 설계하는 법

어린 시절 나의 가장 행복한 기억 중 일부는 매년 5~9월 부모님과 함께 살았던 통나무집 주변에서 있었던 일이다.

6월, 밤은 푸르렀고 해변을 따라 모닥불이 타올랐다. 숲에서 우리는 나무 위를 기어올라 딸기를 땄다. 언덕에서는 나치가 훔친 금을 찾아 여우굴을 뒤지고 다녔다. 밭에 나가서는 트랙터 운전을 도우며 건초 더미로 집을 지었다. 냇가에서는 물고기를 잡고 댐을 만들었다. 해변에 나가서는 수영을 하고 추워지면 작은 배를 뒤집어 그 아래를 헤집고 들어가 몸을 덥혔다.

건초 냄새, 산딸기의 맛, 온종일 열기를 빨아들이던 목재 보트의 온기는 지금도 나를 그 시절로 데려간다. 단순하고 행복한 시절이었다.

나만 그런 추억을 간직하고 있는 건 아닐 터다. 나무를 타거나 여름날 해가 진 뒤에 맨발로 들판을 뛰어다니는 등의 단순한 놀이는 여전히 영국인들이 꼽는 가장 소중한 유년기 기억에 속한다.

2016년 영국의 수프 회사 '뉴 코벤트 가든 수프'는 2000명의 성인을 대상으로 설문조사를 실시했으며, 그 결과 영국인이 가장 많이 간직하고 있는 어린 시절 기억을 확인할 수 있었다. 73퍼센

트는 해변에서 보냈던 시간을 가장 행복한 기억으로 꼽았다. 또한 그 연구에 따르면 유년기 기억 중에는 다른 계절에 비해 여름에 일어난 일이 10배가량 많았다.

무엇보다 자녀에게 우리가 경험한 행복한 시간을 보내게 해 줌으로써 똑같이 행복한 기억을 간직하게 해 주고 싶어 한다는 결과가 나왔다. 설문에 참가한 부모의 절반 이상이 즐거운 기억을 재현하고 싶은 마음에 어릴 때 갔던 장소를 가족과 함께 간 적이 있다고 말했다.

가장 흔한 유년기 기억 50가지

1. 가족 휴가
2. 숨바꼭질
3. 해변에서 조개껍데기 줍기
4. 사방치기 놀이
5. 〈톱 오브 더 팝스〉 시청
6. 스포츠 경기 관람
7. 어린이 채널 시청
8. 피시앤드칩스

9. 사탕 구입
10. 브리티시 불독 등 운동장 게임
11. 필통
12. 나무 타기
13. 숟가락에 달걀 얹고 달리기
14. 일요일에 음악 차트 녹음한 일
15. 학교 급식
16. 장난감, 카드 수집

17. 아이스크림 트럭에서
    아이스크림 사 먹기
18. 어두워질 때까지 밖에서 놀기
19. 바다 물놀이
20. 급식 담당자
21. 베개 밑에 뽑은 이 넣기
22. 술래잡기
23. 형제들과 다툰 일
24. 연못에서 올챙이 잡은 일
25. 울워스에서 음반 구입
26. 숲속에서 밧줄 그네 타기
27. 학교 현장 학습
28. 사촌 집에 방문
29. 데이지 화환 만들어 쓰기
30. 여름방학 끝날 때쯤 신학기
    준비물 쇼핑하기
31. 새벽에 일어나 휴가 떠난 일
32. 잡지 읽기
33. 바위 웅덩이에서 논 일

34. 스웨터로 골대를 만든 일
35. 학교 매점
36. 어린이 물놀이장에서 놀기
37. 아이스크림 음료
38. 맨발로 바깥에서 뛰어놀던 일
39. 친구들과 밤샘 파티
40. 학교 도시락
41. 차가운 바다에서 헤엄치기
42. 집 뒷벽에 대고 테니스 치기
43. 긁으면 냄새나는 스티커
44. 선생님에게 처음 야단맞은 일
45. 연말 파티에서 늦게까지 논 일
46. 교복 차림으로 잔디밭에서
    미끄럼 타기
47. 신문 배달
48. 캠핑
49. 장기 자동차 여행에서 한 게임
50. 자동차 뒷자리에서 노래 부르기

기억 속 장소의 이름 다시 짓기

자서전적 기억과 공간 기억을 합쳐 보라.

공간 기억은 우리가 속한 환경과 공간적 방위에 대한 정보를 기록하고, 우리로 하여금 친숙한 도시의 길을 찾을 수 있도록 해 준다. 어떤 사물의 위치를 기억하도록 도와줌으로써 인간이라는 종의 생존에도 기여했다. 견과류는 저기 있고 물은 저기 있지. 비록 요즘은 '커피는 저기 있고, 휴대폰 콘센트는 저기 있네.'로 바뀌었지만 원리는 같다. 길을 찾는 것은 일상에서 꼭 필요한 부분이며, 사람들은 파티에서 만난 사람의 이름보다 어떤 장소를 찾아가는 길을 더 잘 기억한다.

이 탁월한 공간 기억 능력을 이용해 행복한 추억을 간직할 수 있다. 원리는 간단하다. 장소에 새로운 이름을 붙여 보라. 어떤 장소가 행복한 추억의 배경지라면 그 장소를 그 추억의 이름을 붙여 불러 보라.

나는 여름마다 발트해에 있는 아름다운 바위섬 보른홀름섬에 간다. 그곳에 나의 작은 통나무집이 있고, 통나무집 주변에서 행복한 추억을 많이 쌓았다. 그 주변의 자연에서 먹을거리를 구했다. 야생 체리의 숲, 향나무 길, 딱총나무 골짜기, 산딸기 요새, 작살 낚시 만, 알몸수영 만 등 많은 추억이 있다.

어떤 장소에는 공식 지명이 있다. 산딸기 요새의 실제 이름은 릴레보르로, 20세기 바이킹 유물로 가득한 곳이다. 하지만 그 이름으로는 도저히 산딸기를 먹던 근사한 오후의 기억도, 내년 여름에 라즈베리를 따러 갈 장소도 떠올릴 수 없다. 그래서 내 기억 속의 장소로 이름을 다시 붙인 것이다.

8장

기록의 힘

'The Burning House'라는 웹사이트가 있다. 전 세계인이 자기 집이 불이 탄다면 간직하고 싶은 물건의 사진을 모아 놓은 사이트다. 이 사이트를 들여다보고 있으면 사람들의 생각과 마음이 보인다. 우리의 가장 소중한 보물은 무엇일까?

일기, 할머니가 돌아가시기 전 쓴 편지, 스크랩북, 마릴린 먼로의 자서전, 이모가 준 믹스테이프, 할아버지의 낡은 항해용 나침반, 제일 친한 친구 누텔라의 비밀이 담긴 인형, 잭 다니엘….

답은 다양하며, 때로 물질적으로 소중한 물건과 정신적으로 소중한 물건이 나뉜다. 하지만 모든 답에 한 가지 공통분모가 있다. 사람들이 불타는 집에서 가장 가지고 나오고 싶어 하는 물건은 사진 앨범이라는 사실. 나 역시 마찬가지다. 나는 사진을 기억이라는 금고를 여는 열쇠라고 생각한다. 그 열쇠를 잊어버리면 기억이 영원히 봉인될까 두렵다.

올해 나는 사진 앨범 한 권을 집에 들고 왔다. 어머니가 돌아가시고 난 뒤 형과 내가 보관해 둔 어릴 때 사진첩으로, 20년 동안 보지 않았던 사진들이다. 사진은 지난 세월을 고스란히 담고 있었다. 1980년대, 멜빵바지, 다이얼 전화기… 사진은 그리 상태가 좋지도 않았고, 유명 사진가가 찍은 작품 사진도 아니었다. 우리 어머니는 얼굴의 반이 잘리게 사진을 찍는 특별한 재주가 있었다. 하지만 사진은 온갖 기억을 떠올리게 했다. 사진을 볼 때면 기억이 다시 떠오르거나 감정이 일며 완전히 새로운 연결고리가 만들어지기 시작한다.

우리 개 '푸시'(개 이름치고 이상하다는 건 인정한다) 사진도 있는데, 푸시가 얼음 속에 빠져 아버지가 구출한 기억이 떠오른다. 내 생

애 첫 자전거를 타던 순간의 사진도 봤다. 나의 첫 교통사고였던 쓰레기통으로 돌진했던 기억이 떠오른다. 뒷마당에 주차된 어머니의 황금색 폭스바겐 비틀 사진도 있다. 어머니는 늘 차 안에 열쇠를 두고 내려서 열 살 때 철사로 차 문을 여는 법을 터득한 기억이 난다.

내가 할아버지의 안락의자에 앉아 책을 읽는 사진도 있는데, 여름날 통나무집에서 책을 읽을 때 가장 좋아하는 장소이기도 하다. 담요를 덮은 채 아스트리드 린드그렌의 책과 『땡땡의 모험』을 읽으며 그곳에서 모험을 벌일 계획을 짜던 기억이 난다.

사진을 보면 누군가 카메라 셔터를 눌러 줬던 모든 순간에 감사한 마음이 든다. 이 사진들을 보면 내 생애 가장 행복했던 몇몇 순간이 떠오른다. 아마 그래서 사진 찍는 일이 그렇게 즐거운가 싶다. 동시에 행복 연구자라는 직업이 좋은 이유이기도 하다. 나는 측정할 수 없는 것을 측정하는 일을 한다. 남는 시간에는 간직할 수 없는 것을 간직하려고 노력한다. 나의 일이자 취미는 우리가 행복이라 부르는 담아 두기 힘든 개념을 담으려 시도하는 것이다. 시간을 멈추게 하는 일, 모든 것이 완벽하다고 느껴질 때 그 순간을 만끽하는 하는 일, 0.25초 동안 행복을 간직하려는 시도가 그렇다.

그리고 그런 사람은 나만이 아니다. 행복한 기억 연구에서 사람들에게 왜 그 순간을 기억하는지 이유를 묻자, 응답자의 7퍼센트가 사진 같은 일종의 기념품이 있다고 답했다. 인간은 매년 1조 장 이상의 사진을 찍는다. 1조는 10억의 1000배다. 이게 얼마나 큰 숫자인지 직접 찾아봐야 했다. 이러니 가끔씩 다른 사람의 일상 사진 속에 파묻혀 사는 느낌이 드는 것도 당연하다. 이 숫자를 가장 적절하게 시각화한 사람은 네덜란드 예술가 에릭 케셀스다. 그는 플리커에 올라온 사진 35만 장(하루에 올라온 사진이다)을 인쇄해 전시회를 열었다.

요즘은 사진을 클라우드나 드라이브, 앱, SNS상에 올리지 좀처럼 종이로 인쇄하지 않는다. 학창 시절 사진을 보고 싶을 때는 옛날처럼 사진첩을 뒤지는 대신 인스타그램이나 페이스북을 스크롤한다.

목요일과 금요일마다 내 SNS 피드는 #tbf, #fbf 두 개의 태그로 넘쳐난다. 옛 추억을 회상하는 일명 스로백 서스데이Throwback

Thursday, 플래시백 프라이데이Flashback Friday의 줄임말이다. 이보다 한 단계 더 나간 타임홉Timehop도 있는데, 날마다 하는 #tbt라고 할 수 있다. 사람들은 SNS상에서 이 태그를 달고 몇 년 전 같은 날 올린 게시물과 사진을 하나의 타임캡슐 안에 담아 다른 사람들과 공유할 수 있다. 타임홉의 모토는 '최고의 기억을 매일 기념하자'이며 그들의 목표는 추억을 되살리고 사람들로 하여금 과거의 서로와 연결되는 새로운 길을 찾을 수 있도록 돕는 것이다.

행복한 기억 연구에 참여한 사람 중 7퍼센트가
기념품을 이용해 행복한 추억을 간직했다.

사람들은 매년 1조 장이 넘는 사진을 찍는다.

　우리가 기억을 인터넷에 기대고 있다 보니 일이 더 복잡하다. 인스타그램 세대는 본인이 각자의 홍보 담당자일 뿐 아니라 미래 기억의 설계자이기도 하다. 하지만 휴대폰이나 노트북과 함께 그 안에 담긴 과거 사진과 메시지를 잃어버리면 디지털 건망증에 걸릴 위험이 있다. 연구 결과에 따르면 우리는 나중에 온라인에서 어떤 사실을 다시 찾을 수 있다고 믿기 때문에 애초에 기억에 덜 의존하는 경향이 있다.

　더블린 트리니티대학의 신경심리학과 교수 이언 로버트슨이 영국인 3000명을 대상으로 실시한 연구에서 30세 이하 참가자들의 3분의 1이 휴대폰 없이는 본인의 전화번호를 기억하지 못한다는 결과가 나왔다. 이는 2007년에 발표한 연구이며, 휴대폰을 포함한 디지털 기기에 대한 우리의 의존성이 그때보다 커졌으면 커졌지 줄었을 리는 만무하다.

일상을 기록하는 일

어떤 날의 기억이든 꺼내서 그날을 다시 경험할 수 있다고 생각해 보라. 무엇을 했는지, 누굴 만났는지, 점심으로는 뭘 먹었는지.

그런 능력을 갖고 싶은가? 물론 결혼식과 파티, 중요한 기념일은 다시 보면 좋을 것이다. 그리고 외교부 청사 카펫 위에 문지른 '그것'을 어디서 밟았는지 정확히 알아낸다면 얼마나 좋겠는가. 하지만 차라리 잊고 싶은 순간도 많다.

고든 벨 같은 사람이라면 시간 여행을 할 수 있다. 1998년 마이크로소프트의 연구원이었던 고든 벨은 자신의 삶을 기록한 디지털 정보를 최대한 모으기 시작했다. 또한 벨은 마이크로소프트에서 진행한 '마이라이프비츠'라는 실험의 수석 연구원이었다. 후에 스마트폰 등의 디지털 기기를 이용해 자신의 건강 상태를 추적하고 관리하는 현대판 '핏빗' 앱과 자가 건강관리 앱의 토대가 된 실험이다. 벨을 더 체계적인 디지털 버전의 앤디 워홀이라고 생각하면 될 듯싶다.

사진과 영상 등이 벨의 기억 속 검색 가능한 보관소에 담겼는데, 그의 심장 박동, 체온, 수신한 이메일과 방문한 웹사이트 역시 이 보관소에 저장됐다. 마이라이프비츠 프로젝트에는 1000개 이상의 영상, 대화를 포함한 5000개 이상의 음성 파일, 수만 장의 사진, 10만여 통의 이메일, 벨이 지금껏 주고받은 문자 메시지와 방문한 웹페이지까지 모조리 담겼다. 고든 벨은 이 모든 자료를 묶어 『디지털 혁명의 미래Total Recall』라는 책으로 출간했다.

고든 벨은 극단적인 예일 수 있지만, 이런 식으로 기억을 보관하는 사람은 그 말고도 많다. 전 세계인이 사진 일기를 쓰고 걸음수를 계산하고 삶을 기록한다.

또한 라이프로깅, 즉 웹상에 삶을 기록하는 건 예전부터 해왔다. 과거에는 일기가 그 역할을 했다. 하지만 새로운 앱과 도구들덕에 라이프로깅은 완전히 다른 차원의 디테일과 생생함을 갖게됐다. 삶을 기록할 수 있는 다양한 종류의 카메라는 하루의 매 순간을 담아낸다.

어떤 카메라는 목에 두르고 다니며 하루 2000장까지 사진을 찍을 수 있고, 또 어떤 카메라는 1분에 두 장이 찍히고 GPS가 내장된 덕분에 사진을 찍은 장소가 함께 기록된다.

디지털 기기와 SNS 계정을 통해 우리는 산더미 같은 우리의 일상을 저장하지만 딱히 정리를 하지는 않는다. 내가 보기에 문제는 자료의 숫자가 아니라 편집과 보존의 노력 부재다.

우리의 디지털 도서관은 그야말로 엉망진창이다. 사진을 저장은 하지만 좀처럼 다시 들여다보지는 않는다. 본인의 빅 데이터에 파묻혀 사는 꼴이다. 설상가상으로 사진의 피로감에 시달리는 데그치지 않고 디지털 기억 상실증의 위험까지 안고 있다. 많은 사람의 생각과 달리 디지털 기록물은 과거의 종이 기록물보다 보통 보존이 더 어렵기 때문이다.

12년 전, 이탈리아 시에나에서 열린 결혼식에 참석한 적이 있다. 정말 근사했다. 커다란 모자를 쓴 여성과 리넨 정장을 차려입은 남성들이 결혼식에 참석했다. 도시 외곽에 있는 저택에서 일주일간 머물며 긴 테이블에서 식사를 하고 나지막한 산에서 산책을 했다.

그 주에 사진을 1000장은 찍은 것 같다. 하지만 지금은 한 장도 남아 있지 않다. 언제 어떻게 사라졌는지도 잘 모르겠다. 카메라에 저장되어 있었다. 컴퓨터에도 있었다. 카메라는 도둑맞았고 컴퓨터는 고장 났다. '잃어버린 세대(제1차 세계대전 이후 환멸에 찬 미국의 젊은 세대를 일컫는 말 – 옮긴이)' 이후 100년이 지난 지금, '잃어버린 기억의 세대'가 등장했다.

올해 학창 시절 사진을 다시 열어 본 나의 경험과 정확히 상반된다. 내가 20년간 보지 않았던 사진 앨범은 여전히 그 자리에 있었다. 맞다, 빛이 바래고 얼굴이 잘린 채로. 하지만 변함없이 그곳에 있었다. 최근 나는 내게 가장 소중한 순간을 담은 디지털 사진을 인화하기 시작했다.

나만 볼 수 있는 SNS 비밀 계정

SNS 개인 계정을 만들어 기억 은행으로 활용해보자. SNS 계정은 훌륭한 추억 여행의 역할을 할 수 있다. 시간순으로 정리한 사진, 영상, 생각은 일종의 멀티미디어 회고록이다. 문제는 인스타그램에 올리기 부적합한 내용은 편집해 지워버릴 수 있다는 점이다. 즉 의도된 편집과 진위성 사이에 있는 논쟁은 현재 진행형이다. 사람들은 종종 인스타그램이 사진으로 완성하는 편집된 삶의 긴 이야기라고 보기 때문이다. 개인적으로는 편집된 삶과 실제 삶의 균형을 잡으려 노력하며, 사람들에게 인스타그램과 페이스북에 올라오는 사진은 삶의 돋보이는 순간들이지 일상은 아님을 명심해 달라고 당부한다. 평소에는 커피를 쏟고 소프트웨어를 설치하고 열쇠를 어디 뒀는지 찾으며 보낸다고 말이다. 또한 나에게는 대단히 의미 있는 일이지만 온라인에서 아는 사람들과는 전혀 상관없는 일도 많다.

한 가지 해결책은 마우스를 스크롤하며 추억을 떠올리고 싶을 때마다 들어갈 수 있는 비밀 계정을 만드는 것이다. 나의 일상을 담은 추억 박물관인 셈이다. 혼자만 보면 되니까 사진과 글을 자유롭게 찍고 올릴 수 있다. 필터, 명암, 코멘트가 제대로 들어

갔는지 걱정할 필요도 없다.

사람들에게 보여주고 싶은 순간들을 기록하는 대신 미래의 자신이 돌아보고 싶은 순간들을 기록해보자. 미래의 자신이 추억의 길을 둘러보고 싶을 때 어떤 순간을 보고 싶어 할까?

즉 일상의 사진을 찍어 보면 된다. 지금은 그리 기억에 남지 않는 것 같아도 20년 뒤, 30년 뒤, 40년 뒤에 보면 엄청나게 재미있을 법한 일상의 순간들을 촬영해본다. 1980년대, 1990년대에 찍은 나의 어린 시절 사진 속 배경에는 다이얼 전화기, 거대한 컴퓨터, 볼록한 텔레비전처럼 호기심을 자아내는 물건이 많다.

기억이라는 예술가

사랑하는 사람과 이야기를 나눈다. 추억을 공유하고 각자가 기억하는 순간을 꺼내놓는다. 그리고 기억을 어딘가에 저장하고 빌려주고 빌린다. 그 과정에서 기억은 반들반들 닦이며 변형되기도 한다.

1985년, 나는 당시 유고슬라비아(현재는 슬로베니아, 세르비아, 크로아티아 등으로 분리되어 있다 – 옮긴이)였던 곳으로 가족 여행을 갔다. 덴마크에서 운전해 이틀이 걸려 그곳에 도착했다. 가는 길에 어느 종마 목장에 들렀다. 종마용 말을 사육하는 목장이겠거니 생각했다. 하지만 목장에는 작은 당나귀도 한 마리 있었고, 형과 나는 그 당나귀를 타게 됐다. 녀석은 고집쟁이 게으름뱅이인 데다 등에 관광객을 태우고 걷는 일보다는 풀을 뜯어먹는 데 더 관심이 많았다. 아직도 그 당나귀가 생생하게 떠오르고 거친 털의 감촉까지 기억난다.

30년 후 옛날 사진첩, 20년간 본 적이 없다던 그 사진첩을 보고 있었다. 알고 보니 목장에 당나귀는 없었다. 실은 작은 백마였다. 당나귀를 탔던 기억이 생생하게 나는데, 내 기억이 거짓이라는 명백한 증거가 떡하니 눈앞에 있었다.

　다른 많은 나라에서처럼 덴마크에서 당나귀는 고집쟁이라는 이미지가 있다. '당나귀 같은 고집불통'이라는 말이 있을 정도다. 아마도 가족과 오랫동안 그 고집 센 말 이야기를 하다 보니 어느새 말이 당나귀로 둔갑했나 보다. 당나귀라는 단어에 담긴 의미와 우리 가족의 거짓 기억 때문에.

　기억은 박물관의 큐레이터일 뿐 아니라 예술가이기도 하다. 전시할 작품을 고르기도 하지만 색을 칠하고 덧칠을 하기도 한다. 때로는 인상주의, 때로는 표현주의 작품 같고, 또 때로는 환각제에 중독된 채 그린 달리의 작품 같기도 하다.

　사람들은 기억을 카메라나 서류 보관함이라고 잘못 생각한다. 무언가를 기억하고 싶을 때 그 파일을 찾아보면 된다. 하지만 기억은 그런 식으로 작동하지 않는다. 기억은 물건이 아니라 과정이다. 기억은 현재의 필요에 따라 지금 이 순간 다시 만드는 마음의 건축물이다. 건축 자재를 짜 맞출 때 어떤 부분은 사건 그 자체에 해당하고 어떤 부분은 나중에 추가된다. 경험이 완벽한 상태로 저장되어 처음 상태로 재생될 수 있는 마음의 유튜브 같은 건 없다. 재생할 때마다 기억은 조금씩 변형된다.

"쇼핑센터에서 길 잃어버렸던 것 기억나세요?"

"아뇨, 안 나는데요." 당신은 이렇게 답한다.

"부모님이 그때 상황을 묘사한 내용입니다." 실험을 진행하는 연구자가 이렇게 말하며 종이 한 장을 건넨다. 종이에 적힌 내용을 읽는다. 당신은 그때 그곳에 있었다. 붐비는 쇼핑센터에서 부모님을 놓쳤고 노년 여성 하나가 울고 있는 당신을 발견하고 도움을 줬다.

"기억나세요? 그때 어떤 기분이었는지?"

"무서웠어요. 부모님이 보이지 않아서요." 한참을 생각하다 당신은 이렇게 답한다.

"무엇을 했나요?"

"한 친절한 여성분이 도와주셨어요. 곧 쇼핑센터 측에서 확성기로 우리 부모님을 불렀어요."

"그 여성분의 인상착의가 기억나세요?"

"모르겠어요. 안경을 쓰고 계셨던 것 같아요. 초록색 원피스를 입었고요."

엘리자베스 로프터스 교수를 다시 불러 보자. 로프터스 교수는 거짓 기억에 대한 또 다른 연구를 진행했다. 그녀와 동료 연구자들은 24명의 참가자들에게 4~6세 사이에 겪은 이야기 네 개를 들려준다. 참가자들은 유년기의 기억을 떠올리는 능력을 알아보는 것이 실험의 목적이라고 알고 있었지만, 거짓말이었다. 거짓 기억을 심을 수 있는지 알아보는 연구였다.

참가자들이 들은 네 가지 이야기 중 세 개는 사실이었다. 연구자들이 참가자들의 가족과 친척을 만나서 전해 들은 이야기였다. 하지만 나머지 하나의 이야기, 바로 쇼핑센터에서 길을 잃은 이야기는 거짓이었다. 그럴듯한 이야기였다. 실제로 연구자들은 친척들에게 참가자가 어떤 쇼핑센터를 자주 갔는지 물었다. 하지만 친척들 역시 그런 일은 일어난 적이 없다고 했다.

얼마 뒤 참가자들은 인터뷰를 했다. 이때 그들은 네 가지 기억을 떠올렸고 가능한 자세하게 그 기억을 이야기해 보라는 과제를 받았다. 일주일 뒤 두 번째 인터뷰에서 비슷한 과정을 되풀이했다. 두 번의 인터뷰가 끝날 때 참가자들은 기억이 얼마나 명확한지 평가했다.

연구가 끝날 때 참가자들은 네 가지 기억 중 하나가 거짓이라는 이야기를 들었고, 어떤 이야기가 거짓 같으냐는 질문을 받았다. 24명 중 5명은 쇼핑센터에서 길을 잃은 기억을 고르지 않았고, 그 기억을 실제 기억이라고 믿었다.

인스타그램 기억

이 글을 쓰는 지금, 인스타그램에는 해시태그 #makingmemories
로 800만 개가 넘는 게시물이, #memories이라는 해시태그로는
7000만 개가 넘는 게시물이 있다. #memoriess라는 게시물 역시
1만 7000개가 넘는 걸 보면 '기억'의 철자를 제대로 기억하지 못
하는 사람조차 기억에 대한 게시물을 올린다는 말이다.

행복연구소에서는 #makingmemories라는 해시태그로 올라
온 인스타그램 게시물을 분석했다. 시간대나 계절 편향이 없도록,
또 상업적 목적이나 기업에서 올린 게시물은 배제하고 고른 사진
을 무작위로 추출했다. 하지만 분석하는 데 있어 언어 편향은 존
재했는데, 영어로 올라온 게시물만 해당됐기 때문이다. 러시아나
덴마크어로 분석을 진행했다면 결과는 달랐을지도 모른다.

그렇다면 사람들은 추억을 쌓는 중이라고 말할 때 무엇을 하고
있을까? 우리의 분석에 따르면, 사람들이 #makingmemories라
는 해시태그로 올린 게시물은 대략 4개의 범주로 나눌 수 있다.

우선, #엄마의삶-아빠의삶-가족의삶 카테고리다. 귀여운 아이
들, 눈밭에서 뛰어노는 아이들, 부엌에서 말썽을 피우는 아이들.
칼로 모양을 낸 호박 마스크, 크리스마스 트리, 디즈니랜드 여행.

365happydays vacation

beauty sassyPOTD

life

exploring

wine spring

family

travelgram smiles

makingmemories

happiness skiing discover

pictureoftheday

winter

BBFs hiking

friends

Wanderlust

momlife sunset

future

sunset

bestdays

baby squadgoals

love

autumn outdoors

holiday

adventure laugh

summer beach yum dadlife

둘째, #짱멋진오늘의사진 카테고리다. 여자애들의 밤. 남자애들의 밤. 우정, 영원한 우정, 그리고 우리의 공동목표. 칵테일, 독주, 그리고 당시 멋져 보이던 모든 것들.

셋째, #사랑 카테고리가 있다. 결혼식과 기념일. 휴가와 긴 주말. 카메라를 향해 웃음 짓는 연인. 소위 '너무멋진당신' 카테고리다.

하지만 대부분의 게시물은 네 번째 카테고리에 속한다. #방랑벽 카테고리다. 휴가, 발견, 모험. 우리가 오른 산, 우리가 여행한 도시, 우리가 쫓은 일몰. 뉴질랜드, 뉴욕, 새로운 세상. 기억은 우리의 방랑벽이 펼쳐질 때 만들어진다. 우리가 여행자일 때, 우리가 탐험가일 때, 우리가 모험가일 때.

기억은 우리가 데이비드 리빙스턴, 마르코 폴로, 바스코다가마의 발자취를 따라갈 때 만들어진다. 배나 비행기를 타고 길을 떠날 때, 운동화 끈을 조일 때, 그리고 보물을 찾아 나설 때다. 그 보물은 바로 기억할 만한 삶이다. 추억을 쌓는 일은 수시로 여행하라는 주문을 실천하는 삶이다. 돈은 언제든 벌 수 있지만 추억을 쌓는 일은 그렇지 않으니까.

각자의 방식으로 기억을 기록할 것

기억을 기록하는 방식이 곧 사진일 필요는 없다. 자녀가 있다면 함께 경험한 행복한 추억을 그림으로 그리게 할 수도 있다. 음악이나 라임에 소질이 있다면 노래로 만들 수도 있다. 매달 스포티파이에 플레이리스트를 만들어도 좋다. 매달 플레이리스트를 만들어 생각날 때마다 아무 목록이나 들어보는 것이다.

오감은 기억의 방아쇠가 될 수 있기 때문에 앤디 워홀처럼 행복한 냄새 목록을 만드는 방법도 있다. 최근에 내가 이야기를 나눈 한 여성은 결혼식에서 쓸 특별한 향수를 구입해 오직 결혼식에만 그 향수를 뿌렸다고 한다. 나 역시 시작한 습관이 있는데, 행복했던 순간의 소리를 녹음하는 일이다. 보른홀름섬의 바위에 부딪치는 파도 소리, 코펜하겐 북쪽 옛 왕실 사냥터의 나뭇가지 사이를 통과하는 바람 소리, 크로아티아의 스플리트항에 정박한 요트 철조망 사이로 부는 바람 소리를 녹음한다.

아니면 알레한드로 센세라도 루비오에게 영감을 받을 수도 있다. 알레한드로는 행복연구소에서 데이터 분석가로 일하는 나의 동료다. 그는 빅 데이터 세트를 좋아하고, 행복연구소에서 나오는 방대하고도 흥미로운 연구 결과의 분석을 책임지고 있다.

알레한드로는 13년 넘는 시간 동안 자신의 행복 데이터를 수집해 왔다. 매일 자신의 행복 점수를 1~10점 사이의 점수로 기록했다고 한다. 오늘 나는 행복했는가? 요즘 나는 잘 지내고 있는가? 최근 나는 얼마나 행복했는가? 오늘 같은 날이 다시 일어났으면 좋겠는가?

2017년 2월 25일 토요일, 알레한드로는 이렇게 기록했다.

오늘은 삶의 의미를 찾은 날 중 하나다. 메멘과 첫 데이트를 마치고 오는 길이다. 그녀가 나와 오랜 시간을 함께할 여자라는 직감이 든다. 그녀의 웃음, 나를 보는 눈길, 우리의 대화에서 그 사실을 알 수 있었다. 나는 비가 창문에 부딪치는 집안에 오랫동안 나를 쫓아온 외로움 속에 있다. 저기 밖에 나를 이 외로움 속에서 구하고 나를 특별한 사람으로 느끼게 해줄 누군가 있다고 생각하면서, 지금까지 이곳에 살아온 외로운 알렉스는 과거의 인물로 만들어 줄 그 누군가. 기억에 남는 한 장면이 있다. 촛불의 빛이 반사된 그녀의 눈이 나만을 바라보고 있다. 내가 크게 말했는지 느릿느릿하게 말했는지, 누군가 우리를 보고 있었는지 따위는 기억나지 않는다. 오로지 우리 둘의 대화에만 집중하고 있었으니까. 그런 여자가 날 좋아할 수 있다는 사실이 믿기지 않았지만, 그녀의 몸짓이 말해 주고 있었다. 오늘 같은 감정을 몇 마디

말로는 다 전할 수 없다는 게 너무나도 안타깝지만, 얼마나 진실되고 진심인지. 하지만 이 같은 경험은 삶에서 단 몇 번밖에 찾아오지 않는다는 사실을. 바로 두 사람이 서로를 의심 없이 이해하고 좋아하는 경험, 이런 감정을 뭐라고 불러야 할지 모르겠지만, 나는 그 감정을 행복이 아니라 환상이라고 부르고 싶다. 여전히 그녀가 날 좋아하는지, 내가 그녀에게 어울리는 사람인지 모르겠지만, 적어도 더 이상 혼자 있지 않아도 된다는, 더 이상 누군가를 찾지 않아도 된다는, 행복한 희망이니까. 세세히 따져 보면 평소에는 별 감흥을 느끼지 않는 풍경 사진이 오늘 특별하게 다가온다는 사실이 놀랍다. 내가 좋아하고 관심이 가는 한 여자와 단 한 번의 데이트가 삶에 주는 이런 감정이 정말 놀랍다.

그날의 행복 점수는 6점이었다. 어쨌든 메멘은 알레한드로를 좋아했다. 두 사람은 곧 결혼한다. 매일의 기록과 매일의 데이터를 합친 결과 알레한드로는 자신이 행복했던 날 무슨 일이 일어났는지 알 수 있었다. 알레한드로의 결론은 가장 행복한 날은 유대감, 바로 사랑하는 사람과 유대감을 느낀 날이었다. 친구, 가족, 연인과 특별한 감정을 느낀 날이다.

개인적으로 알레한드로의 데이터 세트가 훌륭한 이유는 경험 자아를 시간이 지난 현재 시점에서 다시 볼 수 있다는 점이다. 우

리가 현재 기억하는 무언가와 실제로 경험한 무언가는 다르다. 가령 알레한드로는 인도네시아 여행에서 갔던 모래 해변을 기억 할지라도, 실제로 그때의 데이터를 찾아 확인해 보면 그의 경험 자아는 무더위와 모기로 고생했다. 또 내가 만난 사람 중에는 몇 년 동안 매일 같이 일상을 1초씩 녹화해 아름다운 영상 몽타주 를 만드는 사람도 있었다. 이처럼 각자의 방식으로 기억을 기록 해보자.

상상을 현실로 만든다

추억 쌓기를 주제로 쓴 본인의 새 책을 기자들에게 전달하는 장면을 상상해보자.

수많은 강연자가 본인이 쓴 흥미로운 새 책을 소개하는 자리에서 청중에게 깊은 인상을 남기고 싶어 한다. 그때 파인애플 원칙을 떠올리면 된다. 청중의 관심을 사로잡을 무언가를 무대 위에 들고 올라가라. 호텔 객실을 둘러보라. 조그마한 말머리 조각상이 보일 것이다. 완벽하다! 그 조각상을 무대에 들고 올라가면 강연이 술술 풀릴 것이다. 말 한마디 한마디에 청중이 반응할 것이다. 환한 얼굴로 고개를 끄덕이면서 자주 웃을 것이다. 지금은 순간순간을 기억할 만하게 만들면 기억될 만한 삶이 된다는 이야기를 하고 있다. 지금이 바로 그런 순간이라는 생각이 든다. 이 순간은 기억에 남을 것이다. 추억을 쌓는 책에 대한 추억을 쌓는 중이다. 대단히 초월적인 순간이다. 조각상을 호텔 방에 돌려놓으면서 그 조각상이 이제 초기억 경험의 상징물 같다는 생각이 든다. 완벽한 초기억 기념품이구나 싶다. 말머리 조각상을 훔쳤다는 말을 하고 싶은 게 아니다. 바이킹의 피가 흐른다고 해서 무조건 영국의 약탈자라는 말도 아니다. 약탈은 9세기에나 일어나던 일이다. 21세기의 바이킹은 평등과 부의 분배를 중시한다. 고급 호텔에서 조각 상을 가져가는 대신 직원 팁으로 200파운드를 놔두는 식으로. 추억을 쌓는 데 쓰라는 메모와 함께. 물론 어디까지나 가정이다.

메모용 스냅 사진 활용하기

두문자어를 만들면 기억하기 쉽다. 노래와 라임을 활용하면 아이들이 알파벳을 쉽게 익힐 수 있다. 또 두문자어를 연상 도구로 활용할 수도 있다. 가령, 북아메리카 대륙의 거대한 호수군인 오대호의 다섯 개 호수, 휴런호Huron, 온타리오호Ontario, 미시건호Michigan, 이리호Eerie, 슈피리어호Superior를 암기하려면 각 호수의 두문자를 따서 HOMES라고 외우면 기억하기 쉽다.

또는 태양계에 속하는 여덟 개의 행성인 수성Mercury, 금성Venus, 지구Earth, 화성Mars, 목성Jupiter, 토성Saturn, 천왕성Uranus, 해왕성Neptune의 이름과 순서를 외우고 싶다면 "나의 대단히 지적인 엄마가 방금 우리에게 나초를 줬어My Very Educated Mother Just Served Us Nachos"라고 기억하거나 명왕성Pluto을 태양계에 끼워 주고 싶다면 "나의 대단히 지적인 엄마가 방금 우리에게 아홉 조각의 피자를 줬어My Very Educated Mother Just Served Us Nine Pizzas"라고 기억하면 된다.

또한 추억을 쌓고 기억할 때 두문자어의 효과를 활용하거나 메모용 스냅 사진을 활용할 수도 있다. 오감Multisensory, 감정Emotional, 의미Meaningful, 위탁Outsource, 스토리Stories, 새로운Novel,

주의 집중Attention, 성취와 고생Peak and Struggles, 또는 애스펀 맘스 Aspen moms, 오멘 스패즘Omen spasm, 멘사 폼스Mensa poms 등 앞 글자를 따서 철자 순서를 바꾼 단어를 활용해도 좋다. 원래의 규칙을 깨는 방식이라면 뭐든 좋다.

나의 잃어버린
아틀란티스 찾기

과거는 밝은 미래를 품고 있다

누군가와 과거를 이야기하는 일은 사랑에 빠지는 필수 단계다.

1996년 뉴욕주립대학교 스토니브룩 캠퍼스 심리학과 아서 에런 교수는 낯선 이들 간 친밀감을 조성해 사랑에 빠지게 만드는 36가지 질문을 만들었다. 그중 몇 가지 질문은 기억에 관한 것이다.

- 가장 소중한 기억은 무엇인가요?
- 가장 고통스러운 기억은 무엇인가요?
- 4분 안에 지금껏 살아온 이야기를 최대한 자세히 이야기해 보세요.
- 삶에서 가장 크게 이룬 일은 무엇인가요?
- 성장 과정에서 무언가를 바꿀 수 있다면 무엇을 바꾸고 싶나요?
- 지금까지 살면서 부끄러웠던 순간을 이야기해 보세요.
- 본인의 유년기가 다른 많은 사람의 유년기보다 행복했다고 생각하나요?

누군가에게 일어난 최고의 순간과 최악의 순간을 아는 것은 친밀감을 형성하는 한 가지 방법이다. 인생에서 가장 큰 무언가를 이룬 순간과 가장 부끄러웠던 순간을 이야기하면 유대감이 만들어진다. 각자 삶의 이야기를 하다 보면 서로의 눈으로 세상을 보게 된다. 질문을 만든 에런 교수는 이렇게 말했다. "동료 간 친밀한 관계 형성과 관련해 한 가지 중요한 공통점은 계속해서 서로의 비밀 이야기를 주고받는 것이다." 즉 개인의 취약한 부분을 나누다 보면 친밀감이 생긴다.

이 점을 염두에 두고 행복한 기억 연구에서 수집한 사람들의 기억을 읽어 보니 흥미로웠다. 각 기억은 모르는 사람들의 삶의 이야기였지만, 그럼에도 그들을 조금은 알게 된 기분이 들었다. 나는 그들과 유대감을 느꼈는데, 많은 이야기에 공감이 갔기 때문이다. 그날 밤 꽁꽁 언 호수에서 보낸 밤이 왜 그렇게 재미있었는지 이해한다. 바람 부는 해변에서 먹은 안 익은 오트밀이 어떻게 가족을 하나 되게 만들었는지 이해한다. 할머니의 장례식이 끝난 뒤에 조카와 함께 산책하던 기억이 왜 마음에서 잊히지 않는지 이해한다.

개인적으로는 우리 인간이 얼마나 비슷한지를 보여주는 또 다른 증거라고 생각한다. 행복의 이유와 구성요소에 관해서는, 덴마크인이든 영국인이든, 미국인이든, 중국인이든 상관없이 우리는 무엇보다 인간이다. 사람들은 저마다 간직하고 싶은 기억, 그리고 잊고 싶은 기억이 있다.

이 책을 쓰고 자료를 찾는 과정에서 몇 가지 중요한 사실을 알게 됐다. 기억이란 정말 놀랍다는 점이다. 기억은 우리를 과거로 돌아가게 하고 미래를 앞서 들여다보게 하고, 현재의 감정에도 영향을 미친다. 또한 기억은 오랜 시간에 걸쳐 우리 자신은 물론 다른 사람들과 연결되게 한다. 하지만 기억은 늘 지고 다녀야 하는 짐이기도 하다. 모든 기억이 늘 행복하지만은 않기에.

놓아 주기의 기술

영화 〈이터널 선샤인〉에서 과거에 연인이었던 두 남녀는 아름다우면서 동시에 고통스러웠던 관계의 기억을 지우는 과정을 거친다.

누구나 잊고 싶은 기억이 있지만, 동시에 나쁜 기억이라 할지라도 그 기억이 지금의 우리를 만들었다는 사실을 알고 있다. 누군가는 과거를 완벽하게 기억하겠다는 꿈을 꿀 수도 있다. 듣고 읽고 경험한 모든 것을 기억하겠다는 꿈이다. 하지만 완벽한 기억력의 단점 역시 알고 있어야 한다.

1981년 1월 10일에 무엇을 했는가? 아직 태어나지 않았다면 1991년 또는 2001년 1월 10일에 무엇을 했는가? 그날 날씨는 어땠는가? 그날은 무슨 요일이었는가? 뉴스에서는 무슨 소식이 나왔는가? 아마도 나처럼 아무 기억이 나지 않을 것이다. 1981년 1월 10일이었다면 코펜하겐은 춥고 어두웠을 것이다. 당시 나는 세 살이었으니 하루 종일 먹고 울고 침을 흘리면서 보냈을 것이다.

질 프라이스처럼 모든 것을 세세히 기억하는 사람이라면 1981년 1월 10일에 엘살바도르에서 정권에 대항하는 게릴라전이 시작돼 11년간 지속된 일을 기억할지도 모른다. 질은 운전 중이었다. 그것도 세 번째 운전이었다. 틴 오토에서 운전 수업을 듣는 중이었다. 당시 그녀의 나이는 열다섯, 그날은 토요일이었다. 질은 세계에서 '최상위 자서전적 기억'을 보유한 몇 안 되는 사람 중 하나다. 이는 흔히 '과잉 기억 증후군'이라고 부른다. 질은 열네 살 이후 매일의 일상을 기억한다. 캘리포니아에 거주하는 미국인 여성인 질은 세계 최초로 과잉 기억 증후군 진단을 받았다. 즉질은 삶의 사건들이 연속해서 자동 재생되는 경험을 한다. "날짜를 말해 주면 눈앞에 나타난다. 그날로 돌아가서 그날 내가 뭘 하고 있었는지 보인다." 그녀는 자신의 책에 이렇게 썼다. 그녀는 오랫동안 많은 연구자 사이에서 연구 대상이었다. 연구자 중 하나가 제임스 맥고크였는데, 맥고크는 캘리포니아대학교 어바인 캠퍼스의 신경생물학과 행동심리학과 연구 교수다. 맥고크 교수와 동료 연구자들은 과잉 기억 증후군을 앓는 사람이 질만이 아니라는 사실을 발견했다. 하지만 전 세계에서 이 진단을 받은 사람은 100

명도 채 되지 않는다.

질의 자신의 책 『모든 것을 기억하는 여자』에서 자신의 기억을 가족 영화 속 장면 같다고 묘사한다. 끝없이 재생되고 과거와 미래를 계속해서 오가는 영화 속 짧은 장면들인 것이다.

질의 이야기를 보면 기억은 축복인 동시에 저주가 될 수 있음을 알 수 있다. 질은 위로를 받고 싶을 때 언제든 돌아갈 수 있는 기억의 창고가 있다는 사실을 즐기지만, 그 기억의 창고는 동시에 감옥이 되기도 한다. 이는 과잉 기억 증후군을 앓는 다른 사람의 경험에서도 찾을 수 있다.

과잉 기억 증후군이라는 병의 존재가 밝혀지기 한참 전에 아르헨티나 소설가 호르헤 루이스 보르헤스는 그 현상에 대해 글을 썼다. 보르헤스는 종종 철학적 개념을 다루는 글을 썼는데, 1942년에 쓴 '기억의 천재, 푸네스'라는 단편소설에서 완벽한 기억력이 어떤 결과를 낳는지 묘사한다. 소설에는 4월 30일 북쪽의 구름 모양, 언젠가 가죽 장정 책의 대리석 문양 겉표지, 케브라초 에라도 전투에서 배를 노질할 때 일던 물보라의 문양을 기억하는 남자 푸네스가 나온다. 즉 푸네스는 놀라운 기억력의 소유자다.

푸네스는 어떠한 감각 자극도 없는 어두운 방 안에서 며칠을 보내게 된다. 푸네스는 하루 전날 사건을 떠올릴 때 기억이 하도 온전한 나머지 하루의 기억을 떠올리는 데만 꼬박 하루가 걸릴 정도였다. 그 기억은 또 다른 기억으로 계속 이어지며 산더미처럼 커진다. 푸네스는 모든 숲의 나무 한 그루 한 그루의 잎을 전부 기억할 뿐 아니라 모든 숲의 나뭇잎 하나하나를 생각하던 매 순간까지 모두 기억한다.

이 이야기의 마지막에 푸네스는 더 이상 기억의 모든 내용을 처리하지 못하게 된다. 행복한 이야기가 아닐뿐더러 독자들은 이 이야기를 통해 완벽한 기억력의 단점이 무엇인지 깨닫는다.

버지니아 울프가 회고록에 쓴 표현을 빌리자면, 우리의 기억은 기껏해야 과거의 스케치 정도다. 비록 불완전하고 절정과 결말에 치우쳐 있지만 그럼에도 우리의 기억은 나름의 가치가 있다. 또 우리가 얼마나 행복한지는 각자의 기억력뿐 아니라 망각력에도 달려 있다. 너무 많은 과거를 기억하다 보면 과거에 발목이 잡힐 수 있다. 인간은 행복한 기억을 오래 붙들고 싶어 하지만, 동시에 과거를 떠나보내고 현재에 집중하며 미래를 계획하고 싶은 존재이기도 하니까.

현재보다 나은 미래

층계의 아래에서 위로 가면서 0~10까지 차례로 번호가 매겨진 사다리를 떠올려 보라. 사다리 꼭대기는 최선의 삶, 맨 아래는 최악의 삶이라고 가정해보자.

현재 본인은 사다리의 몇 번째 층계에 서 있는 것 같은가? 또 5년 뒤에는 사다리의 몇 번째 층계에 서 있을 것 같은가? 아마도 대부분이 첫 번째 질문보다 두 번째 질문에 더 높은 번호를 말할 것이다. 사람들은 낙관주의자니까. 현재보다 미래에 더 행복하리라 기대한다.

2018년, 노벨 경제학상을 수상한 경제학자인 앵거스 디턴은 2006~2016년 '갤럽 월드 폴'에서 166개국 170만 명을 대상으로 조사한 이 두 가지 질문의 답변을 연구했고, 그 결과를 논문으로 발표했다.

디턴의 연구 결과, 전 세계인이 낙관주의자였다. 세계 여러 나라 사람이 희망적인 답을 했지만, 일부 나라는 특히 더 희망적이었다. 덴마크의 결과를 살펴보면서 대도시에 사는 사람일수록 더 낙관적이라는 사실을 확인할 수 있었다. 즉, 코펜하겐과 오르후스 시민들은 5년 후의 삶이 지금보다 훨씬 더 행복할 것이라고 답한 반면, 시골 지역에 사는 사람들은 5년 후의 삶이 지금과 상당히 비슷할 것이라고 답변하는 경향이 있었다.

이 중 어느 정도는 디턴의 다른 연구 결과, 즉 젊은 사람일수록 미래에 더 낙관적이라는 결론과도 연관이 있다. 코펜하겐과 오르후스에는 대학이 몰려 있어서 젊은 사람들의 거주 비율 역시 높기 때문이다. 현재의 행복과 5년 뒤 예상되는 행복을 비교할 때 젊은 사람들은 더 크게 나아질 것이라고 기대한다. 15~24세 사이 사람들의 경우 0~10점의 척도에서 평균 행복도 5.5점이 나왔지만, 5년 뒤의 행복도는 7.2점에 이를 것이라고 기대했다. 무려 31퍼센트나 높은 수치다.

낙관주의는 좋다. 미래에 더 행복하리라 기대하거나 희망하는 것은 멋진 일이다. 하지만 여기서 중요한 질문은 더 행복한 시간에 어떻게 이를 것인가이다. 앞에서 말했듯이 우리의 일화 기억은 과거를 떠올리는 능력이다. 모두 과거로 되돌아가 본 경험이 있듯이 미래를 먼저 가볼 수도 있다. 기능 자기공명 영상법fMRI 연구에 따르면 과거와 미래를 떠올릴 때 대뇌의 전두엽과 측두엽의 같은 부위가 활성화된다. 하버드대학교 심리학과 교수 대니얼 섹터도 그중 한 명인데, 섹터 교수는 뇌가 "근본적으로 과거의 정보를 활용해 미래에 대한 예상을 내놓는 계획 장기다. 기억은 계획 장기인 뇌가 미래의 예상 사건을 모의 실험하는 데 활용하는 도구라고 볼 수 있다"고 말했다. 덕분에 우리는 과거의 행복한 기억을 활용해 미래의 행복한 경험을 계획할 수 있는 것이다.

행복한 기억 은행에 어떤 식으로 저축하고 싶은가? 영원히 기억될 날들을 어떤 식으로 만들 것인가? 지금쯤은 독자 여러분의 미래의 향수 카테고리에 뭔가가 담겨 있었으면 좋겠다. 그렇다면 실제로 계획을 한번 짜보는 건 어떨까.

잊지 못할 1년 계획하기

기억의 가장 즐거운 부분은 기억이 만드는 그 순간임을 명심하자. 행복한 추억은 대개 여름날의 기억인 듯하지만, 1년 내내 기억할 만한 순간을 만들 수 있다. 한 해 내내 행복한 기억을 만들 수 있는 몇 가지 아이디어를 공유한다.

1월: 기념일과 관련된 계획 세우기

특정한 일들 사이에 확실한 연관이 없다면 기억하기 더 어렵다. 예를 들어 3월 14일에 뭘 했는지 기억하는가? 나처럼 머릿속이 하얄 것이다. 하지만 그 후에 찾아봤더니 3월 14일은 바티칸에서 유럽판 세계행복보고서를 발표한 날이었다. 그러자 그날의 일이 상세하게 떠올랐다. 아침, 점심, 저녁으로 먹은 음식이 기억났다. 행복 연구자들과 바티칸 정원을 산책하고 분수에서 바다거북을 본 기억도 났다. 일리 커피의 회장인 안드레아 일리가 세계에서 가장 행복한 나라들에서 커피 소비량이 가장 높다고 이야기했던 기억도 났다.

그렇다면 1월 중 활용할 수 있는 날을 살펴보자. 국제 행복의 날(3월 20일), 세계 시의 날과 세계 숲의 날(3월 21일), 세계 물의 날

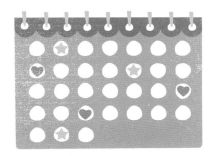

(3월 22일), 세계 재즈의 날(4월 30일), 세계 자전거의 날(6월 3일), 세계 요가의 날(6월 21일), 세계 우정의 날(7월 30일), 세계 노인의 날(10월 1일), 세계 교사의 날(10월 5일), 세계 과학의 날(11월 10일), 세계 토양의 날(12월 5일), 국제 산의 날(덴마크와 네덜란드에서는 취소됐지만, 12월 11일).

예를 들어, 세계 자전거의 날에 친구나 가족과 자전거 여행을 계획할 수도 있다. 6월 중이니 많은 나라들의 날씨도 최상이다. 남반구에 산다면 세계 토양의 날에 나무를 심어도 멋진 추억이 될 것이다. 아니면 세계 요가의 날에 요가를 할 수도 있다. 첫 순간이 가장 오래 기억된다는 사실을 명심하라. 나는 아직도 맨 처음 참가한 요가 수업을 기억한다. 강사가 다리를 쭉 펴고 손바닥을 발아래 놓으라고 하면서 나를 쳐다보며 이렇게 말했다. "종아리 아래 어디까지 손을 뻗을 수 있는지 보세요."

2월: 두려움과 마주하기

행복한 기억 연구에서 수집한 행복한 기억 중 하나는 벨기에 여성 하나가 털어놓은 무대 공포증을 이기고 무대에 올랐던 밤 이야기다. 나도 비슷한 기억이 있다. 8학년 때였으니 열세 살쯤이었던 것 같다. 우리 반 아이들이 전교생 앞에서 크리스마스 연극 공연을 하기로 했다. 나는 요정 13번으로, 아주 중요한 역할이었다. 대사는 딱 한 줄, "작업실에 누군가 있어!"였다. 아직도 그 대사가 기억나는데, 연습을 열심히 하기도 했고 다들 그렇듯 발언 공포증 때문에 그만큼 두려운 경험이었기 때문이다.

하지만 두려움을 극복하는 경험은 감정의 형광펜을 활용해 추억을 쌓는 한 가지 방법이다. 그러니 두려움을 마주하고 암벽 등반 과정과 프랑스어 수업에 등록하거나 자유 발언 무대에 오르고 공연에 서 보라.

3월: 잊지 못할 경험 만들기

행복한 삶은 목적이 있는 삶이다. 앞에서 살펴봤듯이 기억의 과정에서 의미 있는 순간은 중요하다. 3월 한 달 동안 사람들과 더 친밀한 관계를 맺으려고 노력해보면 어떨까. 사랑하는 사람에게 중요한 무언가를 하거나 고마웠던 사람에게 감사 편지를 쓰는 등 사소한 일도 괜찮다. 그 편지는 다음 행복한 기억 연구를 진행할 때 편지를 받은 사람의 기억에 남아 있을지도 모른다.

4월: 행복에 집중하기

나를 행복하게 하는 일은 무엇일까? 앞에서 살펴봤듯이 기억하려면 신경을 집중해야 한다. 관심을 기울여야 기억되기 때문이다. 그러니 각자의 행복에 영향을 미치는 무언가를 생각하고 관심을 기울이는 것이 중요하다. 어떤 소리, 풍경, 냄새, 촉감, 맛이 행복을 가져다주는가. 막 개봉한 커피 봉투에서 나는 냄새, 따뜻한 봄날 피부에 닿는 부드러운 빗물, 아이들이나 친한 친구의 웃음소리까지. 그들이 어떻게 웃는지 아주 집중해서 보고 마음에 담아둔다. 만약 그들을 영화에 출연시킨다면 그 웃음소리를 어떻게 묘사할 것인가. 이런 것들을 기록하고 싶을지 모른다. 그런 식으로 자신에게 행복을 가져다주는 것들의 변화를 알아차릴 수 있을 것이다. 그러므로 주말에 무엇을 할지 고민 중이라면 본인을 행복하게 하는 것의 목록을 만들어 보자.

이런 연습은 감사 일기 같은 효과를 불러올지도 모른다. 행복 연구에서 종종 효과를 보는 방법이다. 여러 연구 결과, 이 같은 방법은 매일은 아니더라도 수시로 활용하면 판에 박힌 지루한 일상을 보내지 않을 수 있다.

5월: 기억할 만한 순간 계획하기

잊지 못할 경험을 계획한다. 내년에 이루고 싶은 꿈이 있는지, 미래에 어떤 순간을 돌아보며 웃고 싶은지. 지금이야말로 그 계획을 세우고 실행할 적기일지도 모른다.

개인적으로 내가 이루고 싶은 꿈 중 하나는 하루 동안 동료 작가들과 모여 오후에는 하이킹을 하고 저녁에는 긴 테이블에 앉아 저녁을 먹는 것이다. 아, 물론 와인도 있어야 할 것이다. 그게 나의 목표였다. '일어날 일은 어떻게든 일어난다'는 진리는 머피의 법칙이라고도 알려져 있는데, 위기관리 분야에서는 좋은 전략일 수도 있지만 꿈 관리에서는 최악의 전략이다.

그러므로 5월에는 '어쩌면'을 '반드시'로 바꿔 보라. 내년에 이루고 싶은 꿈을 여러 단계로 나눠 꿈의 첫 단계를 실천해 보라. 내 꿈의 경우, 첫 단계는 적당한 주택을 구하는 일이었고, 나는 피렌체에서 1시간 정도 떨어진 포피아나 근처 언덕 위에 위치한 좋은 장소를 하나 발견했다. 바닥에는 타일이 깔려 있고 천장에는 목재 들보가 설치된 오래된 석조 주택으로, 집안에는 돌로 만든 커다란 벽난로가 있다. 정원에는 다양한 식물이 자라고, 언덕을 올라가면 사방으로 호수와 주변 계곡, 주말마다 야외 시장이 열리는 근처

도시와 마을이 내려다보인다. 추억을 쌓기에는 최적의 장소 같다.

6월: 추억 여행

행복한 시간을 보냈던 장소에 가면 그 시간이 더 기억난다는 사실, 그리고 내가 아버지에게 오르후스 추억 여행을 가자고 제안했던 사실이 기억나는가? 6월은 걷기 좋은 달이니 가족이나 친구와 추억 여행을 떠나 보라. 아니면 그들에게 큰 의미가 있는 장소에 함께 가 보라.

언젠가 아버지와 함께 오르후스 구시가에 간 적이 있다. 오르후스 구시가는 75개의 건물 내부를 둘러볼 수 있는 야외 박물관이다. 건물은 대부분 1980년대 중반부터 1990년대 초반 사이에 지어진 건물로, 양복점, 대장간, 양조장 등 다양한 용도로 쓰였다.

박물관에는 다양한 시대별 복식을 한 배우들로 가득하다.

구시가의 일부는 1970~1980년대 전용 구역이다. 내 기억과 똑같은 옛날 아파트 안에 들어가 볼 수도 있다. 1980년대 상품을 파는 식료품점과 레코드판, 녹음기, 몸체가 큰 구식 텔레비전을 파는 텔레비전 상점도 있다. 예전 우리 집에 있던 텔레비전이 바로 기억났고 아빠와 내가 독일에서 서부 영화를 봤던 기억도 났다.

나는 독일 국경 근처에서 자랐는데 당시 덴마크 텔레비전 채널은 딱 하나밖에 나오지 않아 독일 방송을 자주 봤다. 독일계 덴마크인인 아빠가 번역을 해주곤 했다. 텔레비전 상점 안으로 들어가자 내가 열 살 때까지 클린트 이스트우드를 독일인이라고 믿은 이유가 생각났다.

참고로 구시가에서는 치매 노인들을 위한 '기억 소통' 투어를 운영한다. 박물관 내부를 1950년대 중산층 가정처럼 꾸며 놓아 그곳을 찾는 사람들은 옛 기억을 떠올릴 수 있다.

7월: 아폴로 소풍 떠나기

첫 도전, 첫맛 등 처음 하는 경험은 늘 오래 기억된다. 김치를 먹어본 적 있는가? 김치는 배추를 매콤하게 발효시킨 음식인데, 맛이 좋다. 한국에서는 거의 매일 먹는 음식이라 한국인들은 사진을 찍을 때 '치즈' 대신 '김치'라고 외칠 정도다. 아니면 하바네로 칠리 아주 작은 조각이나 갈매나무 열매 주스는 어떤가?

7월은 소풍을 떠나기에 완벽한 시기다. 날씨는 따뜻하고 밤은 기니 친구나 가족을 초대해 소풍을 즐겨 보자. 포트럭으로 진행해 모든 사람이 각자 나눠 먹을 음식을 가져오도록 하자. 단 조건은 본인이 한 번도 먹어본 적 없는 음식을 가져올 것이다.

이를 '아폴로 소풍'이라 이름 붙이고, 아폴로 11호가 최초로 달에 상륙한 날짜이기도 한 7월 20일경에 해보자. 그런 식으로 연상 도구를 만들어 보라. 새로운 무언가를 시도하고 한계에 도전하면서 동시에 감정의 형광펜을 사용하는 것이다. 다음번에 그 재료를 다시 만나거나 맛볼 때 재미있고 행복했던 소풍의 기억이 떠오를 것이다. 새로운 음식 한입이 기억할 만한 순간을 위한 큰 도약이 된다.

8월: 일상을 바꿔 보기

덴마크에서 8월은 학교나 일터로 돌아가야 하는 때다. 그해의 사이클에 맞도록 그 달의 일상을 바꿔 보고 싶은 마음이 들 수도 있다. 지금이야말로 기존의 일상을 버리고 새로운 일상에 도전해 볼 기회다. 평소와 다른 길로 출근하거나 집에 가는 길에 새로운 식당에서 음식을 포장해 갈 수도 있다.

원래의 삶의 방식에서 벗어나면 삶의 속도를 약간 늦출 수 있을지 모른다. 새로운 방식이 더 즐거울 수 있고, 또 새로운 일상으로 자리 잡을 수 있다.

9월: 오르고 싶은 정상을 찾아보기

우리는 힘들었던 순간을 기억한다. 거의 20년 전에 나는 여자

친구와 또 다른 두 친구와 함께 스웨덴으로 4일간 도보 여행을 간 적이 있다. 쌀 1킬로그램과 양파 1킬로그램, 칠리소스를 약간 들고 갔다. 당시 우리는 경험이 없었다기보다는 그냥 아무 생각이 없었다. 그저 '자급자족해 먹고 지낼' 요량이었다. 또 기타 한 대, 색소폰 한 대, 필수 생존 아이템인 털모자도 한 개 챙겼다. 요약하면 우리는 4일 내내 케이크를 그리워하며 보냈다. 맞다, 한번은 미켈의 신발에 불이 붙기도 했다. 하지만 시간이 지나니 잊지 못할 경험이었다.

내년에도 도보 여행을 갈 계획인데, 이번에는 보른홀름섬 주변으로 갈까 싶다. 120킬로미터에 달하는 섬의 해안로 곳곳에 작은 마을과 동굴, 성 유적, 폭포, 훈제장이 흩어져 있다. 바이킹의 룬 문자가 새겨진 조각품과 자연보호구역, 화강암, 길게 이어진 백사장도 볼 수 있다.

9월은 완벽한 시기다. 비수기지만 보른홀름은 바위섬이라 바위와 바다가 섬을 따뜻하게 만들어 준다. 이맘때에는 무화과, 딸기류, 버섯도 많이 나고 도다리도 제철이다. 우리는 또 미련하게 120킬로미터의 도보 여행에 또 다른 도전을 더해 자급자족해 먹고 살지도 모른다. 무스털 모자는 선택사항이고. 그러니 9월에는 어떤 고생을 해 볼지 생각해 보라. 어떤 정상에 오르면 좋을까?

10월: 우주 전쟁

친구들, 아니면 적정 연령의 자녀가 있다면 아이를 데리고 클레이 사격장에 가 보라. 이미 가본 사람도 있겠지만, 총만 사용하면 위험하니 감정의 형광펜을 함께 사용해 보라. 물론 안전장치를 먼저 한 뒤에 해야 한다. 또 총은 화약 냄새도 나고 시끄럽다. 그렇지만 갑자기 공기를 가르며 날아가는 원반을 보는 경험도 흥미진진하다.

스토리텔링 요소를 더하면 추가 점수를 받는다. 가령, 자녀가 있다면 지구가 화성인에게 공격을 받아 그들이 착륙하기 전에 비행원반을 제거해야 한다는 이야기를 지어내 보라. 연습 게임으로, 허버트 조지 웰스의 SF 소설『우주 전쟁』을 토대로 오손 웰즈가 연출한 1938년 라디오 드라마를 들어도 좋다. 10년마다 '방송이 온 나라를 공포에 질리게 한' 기념일에 대한 언급과 토론이 있을 것이다. 그다음 주에는 톰 크루즈가 나오는 동명의 영화를 보고 망각 곡선을 능가하는 기억을 떠올릴지도 모른다.

11월: 새로운 도전 리스트 만들기

여러 연구에 따르면 우리는 새로운 경험을 더 오래 기억한다. 그러므로 11월에는 새로움의 힘을 활용해 보라. 11월에 도전해 보고 싶은 일의 목록을 만들어 보라. 한 번도 가본 적 없는 장소에 가거나 새로운 취미를 갖거나 새로운 기술을 배워 볼 수도 있다. 새로운 기술을 배우면 성취감과 자신감이 붙을 것이다. 둘 다 행복도에 긍정적 효과를 주는 요소들이다. 새로운 아이디어가 필요하다면 '11월의 새로운 도전' 달력에서 영감을 얻을 수도 있다.

12월: 행복한 사진 100장 고르기

크리스마스와 새해 전야 사이의 기간은 가족과 함께 올해 찍은 디지털 사진을 넘겨보기 좋은 시기다. 모두 모여 가장 행복한 순간을 선택하고 100장의 사진을 골라 인화해 보라.

책이나 사업 아이디어를 정리하는 일과도 비슷하다. 보통 좋은 아이디어는 노트북이나 몰스킨 노트에 정리하니까. 특별한 아이디어는 특별한 곳에 보관해야 한다. 마찬가지로 가장 특별한 사진은 특별히 신경 써서 관리해야 한다. 그러니 사진을 저장하고 디지털 치매에 걸리지 않기 위한 적극적인 조치를 취하라. 디지털 세상에서 사진을 가져와 실물로 인화하라.

그 사진을 수십 년간, 그리고 다음 세대에까지 이어지도록 저장하는 일 자체가 또 하나의 행복한 추억거리가 될 수 있다.

행복한 기억의 일관성

스페인 초현실주의 영화감독 루이스 부뉴엘은 언젠가 '기억은 우리의 일관성'이라고 말한 적 있다. 즉 시간이 지나도 계속 같은 사람으로 남는 것이다. 그래서 이 글을 쓰는 과정에서 행복한 기억을 찾고 나의 과거와 만나고 또 나와 이름이 같은 과거의 나 자신을 만나러 고향을 찾아갔다.

하데르슬레브는 덴마크 남부의 한 피오르 아래에 자리 잡은 작은 도시로, 독일과 덴마크 국경 지대에서 50킬로미터가량 떨어져 있다. 일부 주택은 1960년대에 지어졌으며, 한 광장에는 오래된 목조 주택 두 채가 마치 애틋한 노부부처럼 서로 기대고 서 있다.

나는 어느 봄날, 하데르슬레브로 돌아갔다. 선거철이라 큰길에서 사회민주당 당원들이 홍보물과 소시지를 나눠 주고 있었고 브루스 스프링스틴의 〈본 투 런〉이 반복해서 흘러나왔다.

나는 과거 나의 발자취를 좇아 도시 이곳저곳을 돌아다녔다. 어릴 때 한가득 책을 빌리곤 했던 도서관, 고등학교 때 야간 아르바이트를 했던 영화관, 미켈과 내가 프랑크 시나트라의 노래를 부르곤 했던 도심 광장에도 갔다. 그때 미켈은 왜인지 모르겠지만 삶은 달걀을 쥐고 있었다. 정육점과 치즈 가게, 서점에도 들러 기억을 더듬어 찾았다. 서점에서 나는 익숙한 향기에 무언가 떠올랐다. 마들렌 순간을 기대하며 기억을 떠올리려 애썼지만 실패했다.

그리고 어릴 때 자란 집을 찾았다. 집은 도시 외곽, 피오르가 내려다보이는 언덕 위에 있다. 검은색 평지붕의 벽돌집으로, 나는 수시로 지붕 위에 올라가 엄마의 신경을 거슬리게 하곤 했다. 안마당에는 벚꽃나무가 있었고, 이따금 꿩이 집 뒤쪽 가파른 언덕 위를 돌아다녔다.

새로운 집주인은 좋은 사람들이다. 스틴은 법학과 교수이고 린은 지역 소년 합창단의 교사로 일한다. 우리는 햇살 좋은 오후에 커피를 마시며 그 집과 기억에 대한 이야기를 나누며 기분 좋은 시간을 보냈다.

꿩은 더 이상 없었고, 벚꽃나무는 아직 그대로 있었다. 하지만 내가 기억하는 장소는 아니었다. 나의 옛날 방은 지금은 도서관으로 변했다.

시내로 돌아와 빈티지 가게에 들어가 구경을 하다가 1950년대에 출시됐던 빈티지 코닥 카메라를 구입했다. 큰길을 걸어 내려가다가 왼쪽으로 고개를 돌렸는데 작은 골목 안에 가게 하나가 보여 그 가게로 직행했다. 그리고 즉시 어떤 기억이 떠올랐다.

열여섯 살 때 호주 울룰루에서 일출 사진을 찍은 적이 있다. 어떤 이유에선지 너무 근사한 사진 같아 당시 하데르슬레브에서 포스터를 팔던 가게에 그 사진을 팔 의향이 있는지 물었다. 가게는 지금 내가 서 있는 바로 이 작은 골목에 있었다. 그 기억은 또 다른 기억으로 이어졌다. 어머니가 친구와 주고받은 대화였다. "정말 개가 사진을 팔 수 있을 것 같아?" 어머니의 친구 분이 물었다. "당연하지." 어머니는 이렇게 답했다.

결국 사진을 팔지는 못했다. 하지만 20년도 더 지나서 나를 믿어준 어머니에 대한 기억이 떠올랐다. 그렇다면 충분히 가치 있는 일이다.

올해 나는 처음으로 중국에 갔다. 처음으로 러시아에도 갔다. 또한 난생처음 아주 먼 과거로 되돌아가기도 했다. 우리는 모두 여행자이며, 동시에 과거로 돌아가고 더 행복한 미래를 꿈꾸는 시간 여행자이기도 하다.

이 탐구가 시작된 이유는 어느 정도는 내가 마흔이 되면서, 즉 통계적으로 말하면 내 삶의 절반이 지나면서다. 이 과거 여행 덕에 앞으로 펼쳐질 여행을 생각해 볼 수 있었다. 이제 삶의 절반이 지나갔다. 남은 절반의 시간 동안 어떻게 살아야 할까?

고대 철학자 세네카는 언젠가 이런 말을 남겼다. "살아 있는 한 어떻게 살아야 할지 계속 배우라." 인생이라는 학교에서 배우는 과목 중 하나는 시간 수업이다. 우리는 시간을 어떻게 쓰는가? 과거의 어떤 경험이 우리를 가장 행복한 시간으로 데려다주었는가? 과거의 시간을 돌아볼 때, 즉 행복했던 시간과 장소를 다시 찾으면서 우리는 앞으로 더 나은 여행을 계획할 수 있다. 더 행복한 날을 위한 계획. 더 행복한 미래를 위한 계획.

그리고 어느 날 나의 삶이 눈앞에 주마등처럼 스쳐 지나갈 것이다. 그리고 그렇게 펼쳐지는 그동안의 삶을 지켜보는 일은 그만한 가치가 있다.

다음의 추억을 쌓는 데 도움을 준 사람들에게 감사를 전하고 싶다. 지하 터널과 나무 위 요새를 만들어 줘서, 금요일 밤 눈싸움과 스케이트를 탈 수 있게 해 줘서, 솔벡의 잔디 냄새를 맡게 해 줘서, 크리스마스에서 레드와인을 한 병 더 따게 해 줘서, 데크에서 아이리시 커피를 마시게 해 줘서, 길에서 스케이트보드를 타게 해 줘서 감사하다. 스카네에서 극한 생존 여행을 하게 해 줘서, 별 아래에서 직화 닭구이를 먹을 수 있게 해 줘서, 페예에서 지프차를 태워 줘서, 테니스코트에서 시합을 해 줘서, 튼튼한 다리와 재치, 세상의 아름다움을 찾을 수 있게 해 줌에 감사하다. 식전주 파스티스와 페탕크라는 스포츠를 선물해 줘서, 수상 공원에서 행복 연구를 진행할 수 있게 해 줘서, 후지산에 올라 스키를 탈 수 있게 해 줌에 감사하다. 켈스트룹 여행에서 파란색 모히칸 머리를 하고 구구구구 소리를 낼 수 있어서, 스머프 복장을 하고 있었음에도 핼러윈 파티에 끼워 줘서, 크론보르성 중세 전투 재현 현장을 보러 가는 길에 로큰롤을 맘껏 들을 수 있어서, 반기문 UN 전 사무총장의 잔이 5분의 4나 차 있게 해 줘서, 자정에 오렌지 대포 이야기를 할 수 있어서, 호주 오지에서 〈인 디 에어 투나잇〉을 들을 수 있게 해 줌에 감사하다. 영업시간이 끝난 뒤에도 식당을 열어 줘서, 너무 아름다워서 공유하지 않을 수 없는 천국 그림을 줘서, 승마 경기와 퇴근 후 수영을 할 수 있게 해 줘서, 〈유브 로스트 댓 러빙 필링〉 원곡을 듣게 해 줘서, 하키 시합과 심야 영화, 파리에서 생일 파티를 즐길 수 있게 해 줌에 감사하다. 수많은 커피와 끝없는 대화, 2015년 소시지 재앙을 경험할 수 있게 해 줘서, 〈마이 샤로나〉에 맞춰 춤출 수 있게 해 주고 베토벤을 주제로 한 보드게임을 할 수 있게 해 줘서, 옥스퍼드 사전을 개편해 주고 휘게가 세계 곳곳에 퍼질 수 있게 해 줌에 감사하다. 솔트레이크 샤머니즘과 세계를 더 행복한 곳으로 만들려고 나와 입씨름해 줘서, 일요일 아침 진한 커피와 부드러운 키스를 줘서 감사하다.

마이크 비킹

행복의 감각

망각 곡선을 이기는 기억의 기술

초판 1쇄 인쇄 2022년 4월 1일
초판 1쇄 발행 2022년 4월 13일

지은이 마이크 비킹
옮긴이 김경영
펴낸이 유정연

이사 임충진 김귀분
책임편집 이가람 **기획편집** 신성식 조현주 심설아 김경애 유리슬아 서옥수 **디자인** 안수진
마케팅 이승헌 반지영 박중혁 김예은 **제작** 임정호 **경영지원** 박소영

펴낸곳 흐름출판(주) **출판등록** 제313-2003-199호(2003년 5월 28일)
주소 서울시 마포구 월드컵북로5길 48-9(서교동)
전화 (02)325-4944 **팩스** (02)325-4945 **이메일** book@hbooks.co.kr
홈페이지 http://www.hbooks.co.kr **블로그** blog.naver.com/nextwave7
출력·인쇄·제본 성광인쇄 **용지** 월드페이퍼(주) **후가공** (주)이지앤비(특허 제10-1081185호)

ISBN 978-89-6596-506-0 03300